日本仏教史研究叢書

「精神主義」は誰の思想か

山本伸裕

法藏館

「精神主義」は誰の思想か＊目次

凡例

一　依拠本

基本テキスト

『清沢満之全集』全九巻（大谷大学編）岩波書店、二〇〇二～二〇〇三年

参照テキスト

『清沢全集』全三巻（浩々洞編）無我山房、一九一三～一九一五年
『清沢満之全集』全六巻（浩々洞・清沢即應編）有光社、一九三四～一九三五年
『清沢満之先生の文と人』（暁烏敏編著）大東出版社、一九三九年
『清沢満之全集』全八巻（暁烏敏・西村見暁編）法藏館、一九五三～一九五七年
『暁烏敏全集』全二七巻＋別巻、涼風学舎、一九七九年
『暁烏敏全集』第二部、全一〇巻、香草舎、一九五八年
『自筆原稿　清沢満之』法藏館、一九八〇年
『精神界　復刻版』全二〇巻、法藏館、一九八六年

二　略記

本文中および註の中での依拠テキストについては、以下のように略記する。
『清沢満之全集』（大谷大学編）岩波書店→『岩波版全集』
『清沢満之全集』（浩々洞・清沢即應編）有光社→『有光社版全集』
『清沢満之全集』（暁烏敏・西村見暁編）法藏館→『法藏館版全集』
『精神界　復刻版』法藏館→『精神界』
『暁烏敏全集』涼風学舎→『涼風学舎版暁烏全集』
『暁烏敏全集』第二部（全一〇巻）、香草舎→『香草舎版暁烏全集』Ⅱ
〈例〉『清沢満之全集』第六巻、岩波書店、九九頁→『岩波版全集』Ⅵ―九九頁
　　『精神界　復刻版』第三巻六号、法藏館→『精神界』三―六

「精神主義」は誰の思想か

はじめに

本書は「精神主義とは何か」という問題について、あらためて真正面から問い直そうとするものである。「精神主義」とは、一般に浄土教の思想をベースとして清沢満之《きよざわまんし》（一八六三〜一九〇三）を中心に展開された、明治期から大正期にかけての思想として理解されてきた。別言すれば、「精神主義」とは、必ずしも「清沢満之が説いた思想」、あるいは「清沢満之によって説かれた思想」それ自体としてではなく、『精神界』と名づけられた雑誌を中心に、清沢のもとに集《つど》った人々によって展開されていった思想運動の総称として捉えられてきたのである。

その一方で、「精神主義」といえば、清沢満之晩年の思想にほかならないといった見かたが、長い間、学界を根強く支配してきたのも事実である。このことは、要するに「精神主義」と呼ばれる思想が、あくまでも清沢のもとに集った人々に主導された、この時代の浄土教的・他力門的思想の一つの総称であると理解されつつも、その思想のもつ思想的功罪の原点は、究極的には清沢の思想にあるとする理解が必然的に導き出されてくる主な要因ともなっているということでもある。

真宗大谷派（東本願寺）の学事施設である親鸞仏教センターの「清沢満之研究会」では、二〇〇七年の五月から「有限無限録」を随時読み進めてきた（二〇一〇年三月読了）。「有限無限録」は、明治三十二年の六月から同年の八月にかけて、当時、新都・東京に留学中であり、のちに真宗大谷派二十三代法主となる大谷光演（句佛上人）の補導にあたっていた清沢が、彼の要請に応えるかたちで執筆したものとされる。雑誌『精神界』の刊行とともに、いわゆる「精神主義」の思想の展開が始まるのが、「有限無限録」が執筆された約一年半後のことであるから、本書は「精神主義」の唱導以前のものといえるが、「清沢満之研究会」でこの著作を読み進めていく過程で、徐々にひとつの見解が形成されるようになってきた。それは、「有限無限録」で語られている思想は、晩年に提唱されたとされる「精神主義」の思想的特徴よりは、前期の思想を代表する『宗教哲学骸骨』や「他力門哲学骸骨試稿」の思想的特徴を多く有しているのではないかということである。

だとすれば、「有限無限録」が著されてから、「精神主義」が称揚されるまでの短い期間に、清沢の思想にどんなドラマティックな変化が起こったというのか。しかしながら、この時期に清沢の思想を劇的に変化させるような体験があったということを物語る証拠は、日記等を含め、清沢自身が書き残している多くの文章をどれだけ調べてみても、また門人ら第三者によって記録された間接的な資料のなかにも、まったく見当たらないのである。そうした事実に加えて、雑誌『精神界』に掲載された論文のうちのいくつか、さらには『精神界』以外の媒体で発表されている論文に至っては、そのほぼすべてに、最晩年に至るまで「有限無限録」や、それ以前からの思想と一貫して変わらない思想内容が確認できることがわかってきた。「有限無限録」に至るまでの思想傾向との違いが確認できるのは、『精神界』で発表されている文章のうちでも、限られたいくつかのものについてであって、それらに見られる微妙な温度差は、清沢の思想全体のなかに位置づけた場合、むしろ特殊で不自然であるといった印象が拭えないように思われてきたのである。

ならば、これまで清沢満之晩年の思想とされてきた「精神主義」とは、いったいいかなる経緯で称揚された思想なのか。もしかりに、それがそもそも端から純粋な意味で清沢晩年の思想を伝えていないとするなら、そこにはいったいどのような思想が紛れ込んでいるというのか。

＊

本書は、そうした事柄について、いま一度「精神主義」を根本的に問い直そうとするものであり、具体的には、明治三十四年一月創刊の雑誌『精神界』に掲載され、二〇〇二年から二〇〇三年にかけて新たに編集・出版された『岩波版全集』第六巻に、「雑誌『精神界』所収論文」として収録されている諸論文が世に発表された経緯等について、さまざまな角度から批判・検証を試みることを目的としている。

多くの場合、清沢満之の思想は、大きく「宗教哲学」として思索されたとされる前期の思想と、前期の哲学的語り口や思索的態度を止揚して、もっぱら「精神主義」の宣揚に努めたとされる後期の思想に分けられて捉えられてきた。しかしながら、清沢という一人物の思想を考えるうえで、前期と後期の思想のどこに断絶を見、さらにその思想の全体像をどのように描けばいいのかについては、あまり踏み込んだ検証はなされてこなかったといえる。このことが、清沢という一思想家の評価や思想史上の現時点での位置づけに少なからぬ影響を及ぼしていることは間違いない。

その点については、本論のなかであらためて詳しく論じていくことになるが、少なくとも、雑誌

『精神界』以外の媒体に発表されている思想に関していえば、晩年に発表されているものを含め、隔絶よりむしろ前期の宗教哲学からの一貫性のほうが顕著なように感じられるのである。

＊

第一章以降の本論で踏み込んだ考察に入る前に、一つだけ例を挙げておきたい。前期と後期の思想の間に、決定的な変化を見る際の論拠としてしばしば提示される言説の一つに、絶筆となった「我信念」の以下の箇所がある。

私も以前には有限である不完全であると云ひながら、其有限不完全なる人智を以て、完全なる標準や、無限なる実在を研究せんとする迷妄を脱却し難いことである。私も以前には、真理の標準や善悪の標準が分らなくては、天地も崩れ社会も治まらぬ様に思ふたることであるが、今は真理の標準や善悪の標準が、人智で定まる筈がないと決着して居ります。

（『岩波版全集』Ⅵ―一六三頁）

ここに引用した一文は『精神界』三―六に掲載されたものであるが、ここで説かれていることを文字通りに解釈すれば、清沢は晩年に至って、若い頃に縛られていた「有限不完全なる人智」で「完全なる標準や無限なる実在を研究せんとする迷妄」を裁ち切ることができたので、いまはそうした「迷妄」にとらわれることのない境地に安住できている、としか読めない。したがって、この言葉に触れる限り、そこに前期の宗教哲学の態度からの訣別が、明白なかたちで示されているという理解が導かれてくるのは当然のことであろう。

だが、絶筆の「我信念」には、「我は此の如く如来を信ず（我信念）」と題された自筆原稿が残っており、いまの箇所はもともと次のように書かれていたのである。

人智は有限である不完全であると云ひながら、其有限不完全なる人智を以て、完全なる標準や、無限なる実在を研究せんとする迷妄を脱却し難いことである、私も以前には、真理の標準や善悪の標準が分らなくては、天地も崩れ、社会も治まらぬ様に思ふたることであるが、今は真理の標準や善悪の標準が、人智で定まる筈がないと決着して居ります。（『岩波版全集』Ⅵ—三三三頁）

注目すべきは、冒頭の部分である。『精神界』の「我信念」にある「私も以前には」という言葉は、自筆の原稿にはなかったものである。しかもこの言葉が編集の段階で文の先頭に挿入されてしまったせいで、「脱却し難いことである」と、現在形で結ばれた文末の言葉との時制関係が不自然なものとなってしまっている。ちなみに、清沢の死後間もなく無我山房から出版されている『清沢全集』では、この箇所はしっかりと「脱却し難いことであった」と、過去形に修正されている。

ここで指摘されなければならないのは、冒頭の「私も以前には」という言葉のあるなしによって、主張の内容ががらりと変わってきてしまうということである。この言葉の置かれていないもともとの文章では、最晩年に至っても、かつての迷妄をいまだ脱し得ていないと読めるのに対して、編集後の「我信念」では、以前の迷妄を裁ち切った境地に安住していると読めてしまう。そこには、晩年の清沢の宗教的到達点がいかなるものであったかを見極めるうえで、非常に大きな意味があるものと思われる。実際、晩年の清沢に師事した門人、暁烏《あけがらす》敏《はや》は、「我信念」のこの言葉を拠り所に、宗教における哲学・思索的態度、すなわち「自力的迷妄」から、晩年の清沢は完全に解き放たれていたのだといった主張を、繰り返し行っているのである。

これに類する事例は、雑誌『精神界』誌上に発表されている清沢満之の文章において、多数認められる。どうしてそのようなことが、雑誌『精神界』の編集の過程で起こってしまったのか。本書で考えてみたいのは、そのあたりの事情についてなのである。

＊

とはいえ、『精神界』で発表されている、清沢のものとされる多くの文章のうち、自筆原稿に相当するものが確認できるのは、ごく一部にすぎない。したがって、自筆原稿のあるものについては、編集後の文章と比較することで、そのどこに問題点を指摘し得るかを事細かく見ていくことができるとしても、自筆原稿が未確認のものに関しては、原文とつき合わせる作業を通して浮かび上がってくる編集者の思惑や思想傾向によって、もしくは同時代を生きた門人らのさまざまな証言などを手がかりに、清沢晩年のいわゆる「精神主義」に清沢以外の人物の思想がどのようなかたちで入り込んでいるかを見ていく以外にないことになる。

そうした資料的観点からの「精神主義」の根本的な見直しは、清沢満之という人物の思想を、今後あらためて評価し、論じ直していくためにも、新たな議論の下地を準備するという意味で不可欠な作業といえるであろう。

第一章　清沢満之と『精神界』

一　「宗教的信念の必須条件」をめぐって

雑誌『精神界』に発表されている清沢の（ものとされる）文章のうち、原稿に相当するものが残っているものについては、編集・校訂後の文章との違いを比較することで、そこに編集者のいかなる思いが顔をのぞかせているかを知ることができるわけだが、そうした編集行為がもたらす影響として想定されるのは、「我信念」でそうであったように、宗教的信念の側面が強調されるあまり、ややもすれば理性的コミットメントの否定、哲学的態度の放擲をよしとする思想的理解につながりやすいということ、ひいては現実社会の諸問題に対する批判の目が失われがちになるということであろう。そうした思想傾向は、結局のところ「ラディカルに見えた世俗道徳批判は、世俗に対応する原則が確立しないために、まるごとの世俗道徳否定から一転して、まるごとの世俗肯定へと転じてしまう[1]」といった批判を招くことになる。事実、これまで清沢の「精神主義」に対してなされてきた批判のほとんどは、基本的にそういった観点からのものであったといっていい[2]。

なかでも『精神界』一—十一に掲載された「宗教的信念の必須条件」と題された一文は、「精神主義」の名のもとに称揚された清沢の思想にあって、「まるごとの世俗批判」の論理を示す代表例として、しばしば議論の俎上に上げられてきたものの一つである。そのなかで主張されているのは、たとえば次のようなことである。

一度如来の慈光に接して見れば厭ふべき物もなければ、嫌ふべき事もなく、一切か愛好すべきもの、尊敬すべきものであつて、この世の事々物々が光りを放つやうになる。所謂楽天とはこの境遇であろう。茲に到つて宗教的信念の極致に達したものと云はなけりやならぬ。故にこの境涯になつた人は妻子があつても邪魔でもなければ、妻子が死んだとて悲みに堪えぬと云ふやうな事もない。肴も喜んで食ふか、食へないからとて弱りもしない。財産を有する事もあらうが、貧乏になつたからと云ふて困りもしない。功名の地位を得るかも知れぬ、然し之が得られぬからと云ふて世を怨むやうな事もない。知識を求むる事があるかも知れぬ、然し知識があるからとて憍りもせねば、知識がないからとて卑下もしない。立派な家に住むこともあるかも知れぬが、山林に野宿してもつまらぬとは思はない。美麗な衣服も着やうが、又汚れた破ぶれた衣服を被たからと云ふて恥かしくも思はない。宗教的信念を得た人を無碍人と称するのは、ここの有様を云ふたものだと思ひます。

此に至ると、道徳を守るもよい、知識を求むるもよい、政治に関係するもよい、商買をするもよい、漁猟をするもよい、国に事ある時は銃を肩にして戦争に出かけるもよい、孝行もよい、愛国もよい、工業もよい、農業もよい。即ち、「資生産業皆これ仏教」で、「仏教は日用の処、穿衣喫飯の処、撒屎放尿の処、行住坐臥の処に在り」である。それで私は宗教的信念を得た者か総ての世間のことに対する態度は、蓮如上人が、「王法をもて本とし、仁義をさきとして、世間通途の儀に順して当流安心をば内心にふかくたくはへて」と云はれたは、尤もありがたい規矩であると思ひます。

ここで問題になってくるのは、「一度如来の慈光に接して見れば」と前置きしたうえで、政治、商売、漁猟などの職業にかかわることが「よい」とされているのみならず、「銃を肩にして戦争に出かける」ことさえ「よい」とされている点であろう。政治、商売などといった、倫理的には中立的であるような事柄に紛れて、戦争という一般的には倫理的に悪と見なされることの多い事柄までもが是認されているのはいったいどういうことか、ということなのである。

これまでも、「宗教的信念の必須条件」におけるそうした発言や論理展開に対して、いかなる解釈を与え得るか、あるいはそうした発言を思想的にどのように弁護し得るかということをめぐって、さまざまな議論が展開されてきた。しかしながら、本書ではそういった問題に対して、従来の議論がとってきたようなアプローチのしかたは、基本的にはとらない。本書の目指すところは、「我信念」に確認されるのと似たようなありかたで、編集に携わってきた人々の思想が何らかのかたちで紛れ込んでいるのではないか、場合によっては清沢本人がまったく執筆に関与していない文章までも、清沢の著したものとして伝えられてきたのではないかといった仮説に基づき、『精神界』に収められた諸論文を抜本的に問い直そうとすることにある。

そこでまず求められるのは、「精神主義」に突きつけられてきた諸問題の根を掘り起こすにあたり、『精神界』という雑誌がどのような意図や経緯で刊行され、清沢をはじめ、当誌の編集・出版に携わった人々が、「精神主義」と呼ばれる思想・言論活動にどのようなかたちで関わっていたのかといった背景を明らかにしていくことであると考えられる。もしかりに、「精神主義」が当初から純粋な意味で清沢の思想そのものを伝えていないとするならば、そのあたりの背景をいくらかでも可視化することなしに、清沢晩年の思想を論じても意味はないと考えられるからである。

二　批判の嚆矢

現在に至るまで、多くの論者が問題視してきた「宗教的信念の必須条件」での発言は、しかしながら「精神主義」批判が巻き起こる直接のきっかけではなかった。いわゆる「精神主義」の思想が、公の議論の場で槍玉に挙げられるようになる直接のきっかけは、「宗教的信念の必須条件」が発表された翌月号に掲載された、「精神主義と性情」と題された一本の論文であった。(3)『精神界』では、創刊以来、社説に相当する「精神界」欄に、毎号欠かさず無記名の論文が数本ずつ掲載されてきたのだが、第一巻十二号の巻頭を飾る論文として掲載されたのがこの「精神主義と性情」だったのである。

ところで、当論文が発表された経緯について、門人の一人、安藤州一は、「『精神界』の創刊せらるるや、この本領欄は、清沢師自ら筆を執つたので、「精神主義と三世」、「精神主義と唯心論」など、実に理論正しき論文であつた。然るに暁烏君が「精神主義と性情」といふ一文を認め、これを本領欄に掲げた」と述べている。(4)実際、本領欄（「精神界」欄）の冒頭にこの一文を掲げたのは、清沢門下の一人、暁烏敏であったのだが、この論文に触れた読者の多くが、清沢の筆によるものと受け止めたのは、それまでの流れからして無理からぬことであったろう。

ともあれ、この論文が『精神界』を飾る巻頭論文として発表されたことで、清沢をも巻き込んだ「精神主義」批判が大々的に展開されることになったことは事実である。「宗教的信念の必須条件」の論理は、いったん宗教的信念が確立されて「無碍人」となったならば、「資生産業皆これ仏教」で、「銃を肩にして戦争へ行く」ことさえ「愛好すべき」「尊敬すべき」行為として肯定されなければならないといったものであった。「精神主義と性情」での主張は、実際、これに輪をかけて大胆なものであったといえる。

吾人を救済し給ふ絶待無限、衿哀大悲の光明は、殺生する者に殺生を止めざれば救わずと宣はす、邪婬を好む者に邪婬を禁ぜざれば救はずと宣はす、偸盗する者に偸盗を、妄語する者に妄語を、飲酒する者に飲酒を止めざれば救はずと宣はす。飲酒する者は飲酒する儘、妄語する者は妄語する儘、偸盗する者は偸盗の儘、邪婬する者は邪婬の儘、殺生する者は殺生の儘、我を頼め極楽に迎へむとはこれ吾人が救主の大悲招換の勅命にあらずや。樵夫に舟漕げと云はず、女に男たれと云はず。栗の毬は針のある其儘、渋柿はその渋のある儘、助けんとあるはこれ如来大悲の御心にあらずや。この如来の光明の懐にありて、自己の心中に於ける如来回向の信仰に満足して、昌平の生活を続くるはこれ、吾人精神主義者の住する所の見地とす[5]。

この一文が世に問われるや、『精神界』の主張に方々から非難の声が上がったのは、当然の成り行きであった。そうした『精神界』の思想にいち早く嚙みついた人物に、当時「新仏教運動」の推進に尽力していた境野黄洋や、花田衆甫、のちに浩々洞に加わることになる曾我量深といった人物がいる[6]。

このうち境野は、「新仏教運動」の機関誌にあたる『新仏教』に「羸弱思想の流行——ニイッチェ主義と精神主義——」という一文を寄せている。そのなかでまず、「宗教は有機的に解釈すべきもの」であって、「単に感情的に説明し、信受せらるべきもの」ではないと述べて、信における感情的の満足のみが強調されることの危険性を指摘している。そのうえで、「宗教に対する感情的直覚的解釈を取るものは、旧仏教（むしろ多数の宗教者）一般の大勢」であって、「精神主義と性情」で説かれるがごとき「新らしき形を取」った「精神主義」の思想は、「根本的には却って古き解釈を取るもの」にほかならないとまで断じているのである。(7)

確かに「精神主義と性情」を読む限り、境野の批判に応え得るような論理は、一切示されておらず、その点で「宗教的信念の必須条件」の語り口にどこか通じるところがあるといえなくもない。(8)境野にせよ花田にせよ、「精神主義と性情」を読んだ当初は、これが清沢以外の人物によって書かれたものだということは知らされていなかったはずである。だが、「精神主義」の思想を批判するにあたり、たとえば境野が「清沢満之氏一派の主張する精神主義」という言いかたをしていたり、花田に至っては、「精神主義と性情」の一文には筆者の名もなく、「掲げて誌説とも謂つべき精神界欄内に在」るからには、「無論浩々洞全体の意見と見て至当」であると述べていたりするように、「精神主義と性情」が『精神界』の巻頭に掲げられているとはいえ、そこで述べられていることが、即、そのまま清沢満之の思想であるとは、必ずしも受け止めていなかったことがわかる。

そうした認識は、おそらくかなり早い段階から、清沢周辺の人々以外にも、ある程度共有されていたのではなかろうか。だとすれば、境野や花田らの批判の矛先は、直接に清沢満之の思想に向けられたものというよりは、雑誌『精神界』を媒体として「精神主義」の看板のもとに広く活動を展開していた門人らの思想を含めた、思想面の脆弱さに向けられたものと理解してよいのかもしれない。その証拠に、彼らによる非難が巻き起こった直後の『精神界』二―二に、「精神主義」が「アキラメ主義」（曾我量深）であるとか、[9]「羸弱思想」（境野）であるといった批判に応答すべく、清沢はすぐさま「精神主義と三世」と題した論文を発表しており、境野に関していえば、それ以降、「精神主義」の思想に対する批判を筆にしなくなったといわれている。[10]そして現に、その後、境野はしばしば清沢本人とも面会しているし、清沢の死に際しては自身が主宰する雑誌『新仏教』（四巻七号）に「清沢先生を哭す」という追悼文を発表していたりもしているのである。[11]

三　退廃の萌芽

現在でも、「精神主義」の思想には多様な局面が含まれており、そこには当初から論理的に首尾一貫した体系性などなかったとされることは少なくない。そのあたりのことは、いくつかの先行研究によってかなりの程度まで明らかにされてはきているものの、厄介なのは、清沢絶筆の文章として多くの人々に読み親しまれてきた「我信念」にすら、清沢以外の人物の思想が影を落としているという事実であろう。そうである以上、清沢の「精神主義」が一貫した思想体系をもち得ないのは、むしろ当然のことだといわなければならない。

脇本平也は、創刊号に掲載された「精神主義」という論文が、実はそもそも門人たちのたっての要請を受け入れるかたちで書かれたものであったことや、その後の『精神界』の執筆においても、しばしば読者からの批判や疑問に応えようとするものであったり、「自分の前説を訂正する」ような、自由なスタンスがとられていたりすることが、『精神界』で表明されている清沢の思想の一貫性の欠如の原因であると分析している。[12] しかしながら、そうした脇本の分析は、「我信念」だけでなく、清沢満之の名前で発表されている文章のうちのいくつかに編集の手が加えられている可能性を考慮に入れていないという点で、十分とは言い難い。というのも、清沢の門人の一人であった暁烏敏が、のちに彼を師と仰いだ毎田周一に語ったこととして、次の言葉が記録されているからである。

> 　私は先師の個人雑誌「広大会」を編集してゐたが、師は私にいはれた。わしの文章を思ふ存分直していい。わしは清沢先生の「精神界」に寄せられる文章を勝手に直したものだ。あんたも遠慮なしにさうしてくれないと困る、と。
>
> 　かういつてをられるところへ、もと石川県立図書館の館長をしてをられ、そのときは東大図書館の方に勤めてをられた田中邦造氏が訪ねて来られた。氏はいはれた。私は今河北郡の宇ノ気村にある西田記念館を訪ねて来ました。そこには西田博士の論文集その他の原稿が陳列されてゐまして、それを手にとつて見ることが出来、本当にありがたいことでしたと。これを聞かれて先師は仰言つた。ほう、そんなものがありがたかつたのか。わしら清沢先生の原稿など鼻かんで捨てたもんぢやと。先師は自分の著書を自らの排泄物としか思つてをられなかつたのだから、それも無理はないと私は思つた。[13]

もしこのことが事実だとすれば、これまでの清沢研究、とりわけ清沢晩年の思想とされてきた「精神主義」の理解は、大きな転換を迫られることになる。これまでも、清沢亡き後の『精神界』の論調が、極端な恩寵主義の方向、すなわち、宗教における哲学的・思索的態度を重視せず、ひたすら信念の味わいに浸っていく方向へと傾いていき、清沢本来の思想とかけ離れたものになっていったといった指摘はたびたびなされてきたし、そうした思想への傾斜は、清沢亡き後の「精神主義」の退廃であると一般に理解されてきた。しかしながら、清沢が生きていた時代から、『精神界』に寄せられる清沢の文章が、門人に勝手に書き直されていたとするなら、そこに思想的一貫性の欠如が指摘されるのはもちろんのこと、そもそも、清沢満之が晩年に唱導したとされる「精神主義」なる思想は、純粋な意味においては存在しなかったことになってしまう。

久木幸男は、「精神主義」の退廃の芽がどの時点において確認されるかについて、

①退廃の端緒はすでに清沢の思想の中に明白な形で存在していた
②清沢の中には萌芽的に存在していたにすぎず、彼の没後顕在化した
③清沢の思想の中には退廃の芽は全く認められず、同人たちが退廃への途を新たに開いた

という三つの見解の成り立つ可能性に言及している。[14]かりにもし、①または②の見解が妥当だとすれば、これまで「精神主義」批判を展開してきた論者の多くが、清沢の思想そのものに問題の芽を指摘してきたように、やはり清沢の思想的責任は回避できないということになる。現に、「精神主義と性情」が発表される前月に、これとほぼ似通った思想的傾向を示す「宗教的信念の必須条件」が清沢の名前で発表されているということは、そうした見解の正しさを強力に裏づけているという見かたにつながるであろう。[15]

それに対して、「我信念」の自筆原稿が『精神界』の編集段階で書き換えられているということを重視するなら、退廃の芽そのものが、門人らによって持ち込まれたものであるとする見かたも、十分に可能になってこよう。もっとも、一般には「精神主義」の思想的退廃が顕著になるのは清沢の死後のことであるとされてきたわけだが、門人のなかには『精神界』の思想的な退廃は、すでに清沢在世時からその兆候が見られたとする論者もいるのである。[16]

本書では、『精神界』で清沢のものとして発表されているいくつかの文章には、「我信念」でそうであったように、編集者の意見が色濃く反映されている可能性が排除できないと考えられる以上、基本的には③の方向で、いわゆる「精神主義」の思想を詳細に検討し直していくことになる。

四 「成文」の意味

『岩波版全集』Ⅵの巻末にある「解題」には、『精神界』に掲載された、清沢のものとされる四十三本の文章のうちの七本について、清沢以外の第三者によって「成文」されたものであることが明記されている。[17]「信するは力なり」(『精神界』一―一)、「遠美近醜」(同一―四)、「智慧円満は我等の理想なり」(同一―五)、「実力あるものの態度」(同一―七)、「日曜日の小説」(同二―三)、「天職及聖職」(同二―八)、「倫理以上の安慰」(同二―九)の七本(すべて「講話」として発表されたもの)がそれである。

ところで、この場合「成文」というのは、いったい何を意味しているのだろうか。この言葉からイメージされることは、人によりさまざまであろう。そこでまず、「成文」という言葉が何を意味するのかということから考察に着手していく必要がある。

「成文」と明記されている講話文のうちの一本、創刊号に掲載されている「信ずるは力なり」は、清沢の門人であった多田鼎《ただかなえ》により「成文」されたものであるとされるものだが、幸い、創刊号で多田がこの講話を「成文」した経緯については、比較的詳しい証言が残されている。

第一号に先生の講話を出さねばならぬ。ところが先生は書いてる暇が無い。諸君どうか宜しく頼みますと言つて、京都に行かれた。それで、多田君が、前に先生のされた講話を骨子として、「信ずるは力なり」といふ一文を書いた。ところがその中に書いてある小説『小公子』にあるフオントルロイの話などは、先生は読んだ事はない。この時も先生が京都にをられたので、先生が京都から帰つて来て、あんな小説がありますかと聞き、ちと読んでおかねばなりませぬと言うてそれを読まれたことがあつた。先生は大抵は全然の任し切りで何事にも干渉せられない。それでちやんと自分のものにしてをられる。(18)

ここに紹介した回想文は暁烏敏の筆によるものだが、これを読んでまず驚かされるのは、清沢は創刊当初から『精神界』の仕事には、主体的にはほとんど関与していないという事実であろう。しかも彼は、自らの名前で発表される講話の内容にさえ、無頓着な態度を示しているのである。

記念すべき創刊号には、清沢のものとされる文章が二本掲載されている。一つは「精神主義」というタイトルの論文で、もう一つがこの「信ずるは力なり」と題された講話文である。「精神界」欄に掲載された論文「精神主義」が無記名で発表されているのに対して、後者は門人により「成文」されたものであるにもかかわらず、清沢満之の名前が付されていることは一つ注意を要する点であろう。

自身が筆を執ったわけでもなく、まして話した覚えすらないことが、事前の校閲なしに自らの名で世間に発表されることに清沢は何の抵抗も示していないように見えるが、いまの常識からすれば、ちょっと信じ難い態度ではないだろうか(19)。

ともあれ、この証言から垣間見えるのは、「成文」というのは清沢が書いた下書きを門人の誰かが清書するということでもなければ、清沢がどこかで話したことを、可能な限り忠実に文字に起こすということでもなかったということである。さらにいえば、そこにどのようなかたちで「成文」者の思いが投影されていようと、清沢はそのことを別段問題にしなかったし、門人らは門人らで、たとえどのように第三者の思想が混じり込んでいようと、基本的にそれを清沢の思想と同定して差し支えないと考えていたようでもあるのである。

しかし、何故に清沢は他人任せの態度を貫き通したのか。そこには確固としたポリシーがあったものと想像されるが、最低限いえることは、門人らに対する清沢の教育方針や、雑誌『精神界』との関係のありようが、このあたりの裏事情を考えるうえで大きな鍵を握っているのではないかということであろう。ところが、従来の研究においては、何本かの講話文について「成文」ということが明記されているにもかかわらず、それの意味することについて、ほとんど議論されてこなかった。そのこと自体にも十分問題があると思われるが、それ以上に問題なのは、最新の『岩波版全集』や、それ以前に出版されている『法藏館版全集』が、どういうわけか次の事実に一切言及していないことである。

それは、昭和十四年に大東出版社から暁烏敏の編著で出版されている『清沢満之の文と人』という本の巻末にある「著作講演年表」では、先に挙げた七本の講話文に加えて、岩波版や法藏館版の『全集』では触れられていない、「心機の発展」と「仏による勇気」の二本を含む計九本の講話文について「暁烏執筆」と明記されているという事実である。このことが暗示しているのは、清沢の文章として『精神界』に発表されているもののなかには、これら九本の講話以外にも、まだいくつかの「成文」（あるいは「執筆」）が含まれている可能性があるということではないだろうか。

「宗教的信念の必須条件」についていえば、それが第三者によって「成文」ないし「執筆」されたという記録は、現在確認できるどの資料にも見当たらない。だが、もしも「成文」あるいは「執筆」の指摘が、原稿の有無などの物的証拠に基づくものでなく、門人らのあやふやな記憶に基づいてなされているのだとするなら、単に指摘が漏れているだけで、従来、清沢の純粋な著作と考えられてきたもののなかにも、まだいくつかの「成文」が含まれているのではないかという疑念を抱かずにはいられないのである。

五　前期・後期という区分

清沢満之の仕事が、『宗教哲学骸骨』に代表される前期の思想と、いわゆる「精神主義」が唱導されていく後期の思想とに大きく分類されて理解されてきたことについてはすでに触れた。そうした見かたは、二〇〇二年に出版されている『岩波版全集』の解説においても、しっかりと受け継がれている[20]。

清沢の思想をめぐっては、これまで『精神界』で発表されている諸論文の思想的一貫性のなさをどう理解すればいいのかといった議論に多くの時間が費やされてきたといっていい。しかしながら、本書のねらいは、「精神主義」と呼ばれてきた思想には、厳密にいえば清沢以外の人物の思想が、かなりの程度、混じり込んでしまっているのではないかという仮説のもと、清沢満之という人物の思想の全体像の新たな構築を図ることにある。よって本論で採用される方法も、従来の研究における手法とは、根本的に異なったものとならざるを得ない。

清沢満之が晩年に到達した思想の精華として「精神主義」を理解しようとする際には、前期の思想との連続性よりも、断絶や非連続性に、どうしても目が向きがちになる。精神主義に至って、それ以前の思想や信念を一変させたといった理解が生まれてきてしまうのはそのためであろう。そうした見かたが、諸学者の間であたり前のように共有されてきたのは、「我信念」における書き換えがもたらす影響もさることながら、たとえば「有限無限録」が、清沢の死後、『精神界』六―一に採録されるにあたり、その「はしがき」に記された言葉などにも多少なりとも影響されているものと考えられる。そこに記されているのは、暁烏の「本書は先生かやがて精神主義を世に発表し給ふ前年の筆なるか故に修養の道途にある者には適切の教訓少なからず」という言葉なのだが、これを読む限り、暁烏が清沢の思想の転換期を『精神界』以前と以後の間に置こうとしていることは明らかだからである。

人の思想というものは、つねに変化し続けるものである。そうである以上、時間の経過とともに思想も変化していくこと、あるいは、ある出来事をきっかけに一大転換がもたらされるということは、ごくあたり前に経験されることに違いない。実際、清沢も人生において何度かそうした思想の転換期を経験しているようで、明治三十五年五月三十一日の日記には、自身の思想の変化の歴史を回想して、次のように綴られている。

回想す。明治廿七八年の養痾に、人生に関する思想を一変し略ぼ自力の迷情を翻転し得たりと雖ども、人事の興廃は、尚ほ心頭を動かして止まず。乃ち廿八九年に於ける我宗門時事は終に廿九卅年に及べる教界運動を惹起せしめたり。

而して卅年末より、卅一年始に亙りて、四阿含等を読誦し卅一年四月、教界時言の廃刊と共に此運動を一結し、自坊に投じて休養の機会を得るに至りては大に反観自省の幸を得たりと雖ども、修養の不足は尚ほ人情の煩累に対して平然たる能はざるものあり。

卅一年秋冬の交、エピクテタス氏教訓書を披展するに及びて、頗る得る所あるを覚え卅二年、東上の勧誘に応じて已来は、更に断へざる機会に接して、修養の道途に進就するを得たるを感ず。

而して今や仏陀は、更に大なる難事を示して、益々佳境に進入せしめたまふが如し。豈感謝せざるを得むや。(21)

清沢の回想によれば、彼の思想的転換期は以下の三つの時期に絞り込むことができる。最初の転換期は、「人生に関する思想を一変し略ぼ自力の迷情を翻転し得た」とされる「明治廿七八年の養痾」の頃である。このような表現で明言されている以上、自力の迷いを払拭して他力に帰すという「宗教的信念」が、この時期にほぼ揺るぎなく確立されたことに疑いはない。ただ、ここで見過ごされてならないのは、「人事の興廃は、尚ほ心頭を動かして止まず」とも述べられている点である。清沢は「宗教的信念」の確立以後にも、なお「宗教的信念」の世界に浸り切ることのできない自力的自己のありようが残存していることを率直に認めているのである。明治二十九年から三十一年にかけての宗門改革運動に彼を駆り立てたのも、この自力的精神だったというわけである。だからもしも後期の思想への転換点が、哲学的・思想的営みを含む自力的態度と訣別することができた時点にあるとするなら、この時期の清沢は、いまだ後期の思想的見地には達していないということになる。

ところで、清沢らが先導した真宗大谷派内の宗門改革運動（「廿九卅年に及べる教界運動」）は、明治三十一年四月に一応の終結を見ている。この激しい改革運動の首謀者として僧籍を剝奪されて自坊に戻った清沢は、この時期に図らずも絶好の内観反省の機会を得たわけだが、彼の思想に第二の転換をもたらしたのは、まさにこの時に味わった挫折だったというのである。清沢はこの時期、次のような言葉を口にしていたという。

実は是だけの事をすれば、其の後には実に何もかも立派に思ふことが出来ると思つてやつたのだけれども、然し一つ見おとしがあつた。それは少部分の者が如何に急いでもあがいても駄目だ。よし帝国大学や真宗大学を出た人が多少ありても、此の一派——天下七千ヶ寺の末寺——のものが、以前の通りであつたら、折角の改革も何の役にもたたぬ。初に此のことがわかつて居らなんだ。そこでこれからは一切改革のことを放棄して、信念の確立に尽力しやうと思ふ。[22]

この言葉が、改革の必要そのものを否定するものでないことはいうまでもない。ここでの反省が、もっぱら、改革運動が時期尚早であったということ、宗門改革が首尾よく成し遂げられるためにも、信念の確立が何より先決であるということがわかっていなかったという点に向けられていることは明らかである。宗教的信念の確立は、翻って現実の改革においてはたらいてこそ意味をなすという清沢なりの信念が、この言葉にはっきりとあらわれていると理解していいであろう。

ところで、これと同様の発想は、明治二十九年に書かれている「仏教之現利」（『岩波版全集』Ⅱ所収）という論文のうちにも見ることができる。そのなかで清沢は、人がいったん「一切の生類に悉く同一無限の開発性あり」ということを信じて、その信念を啓発しようとする道に入ることができたとしても、分限のある、すなわち、有限な人間になし得る行為は、実際には実力の不足や思想上の過誤や予期せぬ妨礙などのために、「予想と相反して絶望落胆失意迷悶を引起すること」がしばしばであると論じている。かかる主張は、無限の信念の確立（自力の迷情の翻転）は確かに経験されたけれども、「修養の不足」のために、自分は「尚ほ人情の煩累に対して平然たる能はざる」境涯を脱することができないでいると述べられている、先の日記の言葉と軌を一にするものと考えられる。

であるなら、明治三十年の末から三十一年の始め頃の第二の転換点、すなわち「反観自省」を通して、「人情の煩累」にもかかわらず平然としていられる心境の獲得をして、後期の思想への転換点と見なすことも、やはり不可能であるというよりほかない。

第三の転換期として想定されるのは、明治三十一年の秋冬の頃のエピクテタスの教訓書との出会いから、翌年の再東上にかけての時期である。これらの経験を機縁として、清沢は「修養の道途に進就するを得た」といい、さらには、「仏陀は、更に大なる難事を示して、益々佳境に進入せしめたまふ」とも述べている。つまり、エピクテタスとの出会いが、「頗る得る所」のあることを感じさせたのは確かだとしても、そのことによって修養の道途から解放されたわけでは決してなく、このことが逆に「修養の道途に進就」せしむる原動力となったともいわれているのである。

注目すべきは、この日記が書かれている日付である。この言葉が記されたのは明治三十五年五月末日のことで、「精神主義」が盛んに称揚されはじめて以降のことである。にもかかわらず清沢は、「有限無限録」執筆以降、『精神界』発刊までの間、明治三十三年末から三十四年にかけて、自身の信仰に大きな転換があったとは、この時点で一言も述べていないのである。そこには、「精神主義」の以前と以後とで思想的転換があったとする暁烏の見解との明らかな齟齬が認められる。たとえば松原祐善は、明治三十五年五月末日に記されたこの日記の言葉を根拠に、思想の最終的な転換期、すなわち絶対他力の信仰の確立期を、エピクテタスに出会った明治三十一年の秋から冬にかけての頃と見積もっている[23]。清沢が東京の地で「精神主義」の思想運動を展開していったとされるのは、それから約二年後の明治三十四年のことだが、そのさなかにおいても、「自己省察」や「内観」の重要性が屢述されているというのは見逃せないであろう。要するに清沢にあっては、「自力の迷情」を「翻転」することにほぼ成功したとされる明治二十七年の信念の確立以降、最晩年に至るまで、「自戒精神」がしっかりと保たれていたからこそ、「精神主義」は能動的なはたらきかけをなし得たし、そのような思想の能動性こそが、かえって「精神主義」なる思想を支えていたと理解するのが妥当ではないかということなのである[24]。したがって、清沢の思想を前期と後期とにあえて分けるとするなら、その転換点は、暁烏が主張する、明治三十三年から三十四年にかけての時期ではなく、明治三十一年の秋冬の頃、もしくはそれ以前の、明治二十七年の療病の時期と見るのが適当であるということになる[25]。

このように、いわゆる「精神主義」の発揚をもって思想上の一大転換期とする見かたには、清沢本人の回想と照らし合わせても、何ら根拠が見出せないことがわかる。にもかかわらず、これまで清沢の思想が「精神主義」の発揚を境に前期と後期に区分されて理解されてきた背景には、いったいどんな理由が潜んでいるのだろうか。そのあたりの事情を詳らかにしていくことは、「精神主義」と呼ばれてきた思想とは、実のところどんな思想であったのかを明らかにしていくうえで、きわめて重大な意義をもつに違いない。

六　西村見暁が描く清沢像

「精神主義」という括りのもとに発表されている清沢晩年の思想に一貫性が欠けているといった印象は、昭和二十六年に西村見暁が出版している清沢についてのはじめての本格的伝記、『清沢満之先生』のなかでも語られている[26]。

創刊号に掲載された清沢の文章の一つに「精神主義」というタイトルの論文があることはすでに述べたが、これとは別に『岩波版全集』には同じタイトルの講話文が二本収録されている。「精神主義〔明治三十四年講話〕」、および「精神主義〔明治三十五年講話〕」がそれである[27]。前者については、複数の人物の証言からして、実際に清沢自身が筆を執っているものと推測される。一方、明治三十五年のものは、第三者により講演が筆記されていたものが、清沢の死後、しばらく経ってから『精神界』に発表されたものである。ちなみに、前者は、明治三十四年七月の関西仏教青年会での講演をもとにしたものであり、後者は明治三十五年六月の関八州講演会での講演をまとめたものとされる。

西村は『清沢満之先生』のなかで、これら「精神主義」と題された二つの講話の間の思想や語り口の微妙な違いに着目して、一般に後期の思想として理解されてきた、清沢のいわゆる「精神主義」に、さらに細かく前期・後期の区分を試みている。そのなかで指摘される思想や語り口における違いは、大略、以下の四つに集約することができる。

一、明治三十四年の講話で、単に「宗教」としかいわれていなかったものが、明治三十五年の講話では「他力の宗教」と明確に規定されている。

二、明治三十四年の講話では「須らく内観反省して、自家の心機を開展すべしと勧むるが、精神主義の指導するところ」と主張されているのに対し、明治三十五年の講話では、「内観」とか「反省」とかいった哲学的な用語を用いることなく、端的に「他力を信ずる」と言いきっている。

三、明治三十四年の講話が、万物一体の原理に基づいて説かれることから、「全責任主義」に立つ自力門的な臭いが払拭されていないのに対し、明治三十五年の講話では、「他力の妙巧」が強調されることで「無責任主義」の立場が強く打ち出されている。

四、明治三十四年の時点では、「自由と服従の双運」を成り立たせるのは非常に困難なことで、そうしたありようが成り立つには、内観反省の修練と練磨とが不可欠であることが主張されているのに対し、明治三十五年の講話では、内観反省などということはいわれず、「服従することも自由だが服従せぬことも尚更自由である」、「服従するかせぬかは臨機応変に、他力光明のなさしめ給うところに従う」といわれている。

いったい何故に、明治三十四年から明治三十五年にかけて、清沢の「精神主義」にそのような変化が生じたのか。その理由について、西村が示す見解はこうである。それは、門人たちとの意見の対立やお互いの思想的な練磨を通じて、本来知的かつ意力的な性格の持ち主であった清沢が、特に「文学的感情的な性格」を顕著に有していた暁烏敏の思想に徐々に影響されていった結果にほかならない。いわく「弟子は勿論師匠に感化せらるるが、師匠も又弟子の影響を受けるのである」[28]と。

だが、ここでの西村の立論には、一つ大きな弱点がある。彼はここで、これら二つの講話のなかで語られている内容が、どちらも清沢満之の思想を忠実に反映しているという前提のもとで議論を進めているように思われる。しかし、明治三十四年の講話が「先生親ら筆を執りて其講義の大要を宣べられたもの」とされているのに対して、明治三十五年のものに関しては、清沢の死後に発表されていることもあって、清沢本人の校閲をまったく受けていないという決定的な違いがあるのである。実際、明治三十五年の「精神主義」が『精神界』七―六に採録されるにあたり、編集を担当した暁烏は、その「まえがき」に次の言葉を書き添えている。

右は明治卅五年六月廿四日関八州講習会席上に於ける故清沢先生の一席の講話である。然るに同師は翌卅六年六月六日に溘焉として浄刹に還られたので、追悼の余り其筆記を清書したのである。定めし聴き誤りもあるであろうが、其責は私にあるのである。明治卅六年七月十六日清書　李蹊生　附記。右の筆記を華園兼秀氏より寄せられたので久しぶりにて、先師の痛快なる御講話を拝聴する心地になつて拝読をいたしました。幸ひ今月の六日か祥月命日ぢやものですから本号にこの講話を載録する事を得るのは決して偶然ではないやうに思ひます。この前に掲載した同題の文とはちがひますからさう思ふてよんで下さい。

この「まえがき」の記述で特に注目したいのは、華園兼秀なる人物[29]が筆記・清書して寄せたとされる一文を、暁烏が「先師の痛快なる御講話」と高く評価し、「この前に掲載した同題の文とはちがひますからさう思ふてよんで下さい」という言いかたで読者に勧めている点である。当講話文に対する暁烏の強い思い入れは、「精神主義」以前に執筆された「有限無限録」に対する評価と比べた場合、好対照をなしていて興味深い。

「精神主義〔明治三十五年講話〕」には、清沢本人が目を通していない以上、筆記・清書した人物の思想信条が、何らかのかたちで反映されてきてしまっていることは否めない(30)。『精神界』に収められた清沢の論文や講話文を読んで、どこかしら違和感を抱かざるを得ないのは、一口にいってしまえば、そこに「聖道門的な臭い」と「恩寵主義的」な傾向とが混在しているからにほかならない。「聖道門的な臭い」というのは、哲学的、あるいは論理的な思想傾向が表立っているという意味でもあるが、現に雑誌『精神界』には、絶筆となった「我信念」に至るまで、信仰における理性的側面が明確に否定されているものと、「聖道門的」傾向を帯びた文章とが入り交じるかたちで発表されているのである。

『清沢満之先生』のなかで西村は、後期「精神主義」の特徴を、「聖道門的な臭い」が一掃され、「徹底的に自己の弱さが感ぜられた」ところに、「他力的な色彩の表現があらわれて」きている点にあると論じている。「精神主義」前期には、「対他的」「知的かつ意力的」傾向が認められるのに対して、「精神主義」も後期になると、もっぱら「対自的」で、「感情的文学的」な性格すら指摘できるというのである。そのうえで彼は後期「精神主義」を代表するものとして、「絶対他力の大道」という一文を挙げている。しかしながら、この「絶対他力の大道」を後期「精神主義」の代表として位置づけようとする西村の見立てもまた、彼が見落としている以下の事実により、簡単に崩れてしまう。それは、そもそも『精神界』二―六の「精神界」欄に掲載されたこの一文は、門人の多田鼎が、清沢の日記『臘扇記』から随意に言葉を抜粋して編集したものであり、そこには、次章で見るように編集にあたった多田自身の思想が多分に反映されているのは明らかだからである。(31)

伝記『清沢満之先生』は、昭和二十六年の出版以来、清沢満之の思想と生涯に関する基礎的資料として最も多くの研究者に参照されてきた文献の一つであろう。少なくとも晩年の清沢が、若い時分に見られた「聖道門的な臭い」を一掃して「絶対他力の大道」に帰したとする理解が、広く一般に共有されてきたという思想史的理解の背景には、本書に描かれる清沢像の影響があることは間違いない。

とはいえ、やはりどうしても気にかかるのは、それが意図的であったか否かは別にして、何故にそうした根拠薄弱な「精神主義」の理解が、晩年の清沢の傍で寝食を共にしてきたはずの暁烏のごとき人物に支持され得たのかということである。

そうでなくても、清沢晩年の思想とされてきた「精神主義」には、とりわけ戦争賛美につながる無節操な現状肯定の思想を胚胎させているといった点から、これまで多くの疑問が投げかけられてきたのである。だが、西村の区分する後期「精神主義」に見られる恩寵主義的思想傾向が、必ずしも清沢本人の思想的変化の結果生まれてきたものでないとすればどうであろうか。その場合には、事態は一変してくることになるであろう。

七　浩々洞前夜

「精神主義」の思想運動の中核となる雑誌『精神界』が創刊されたのは、明治三十四年一月のことである。それに先立ち、明治三十三年十二月発行の、雑誌『無尽灯』の「近時」欄には、次のことが記されている。

　東京留学中なる多田鼎、佐々木月樵、暁烏敏の三兄は、清沢先生を主幹となし、村上、斉藤、稲葉、沢柳の諸師をその補佐として、現代の青年に大法を宣伝せんとの目的を以て、来年一月を期し『精神界』と号する新雑誌を発刊することに決定したりと。

『無尽灯』誌の記事によれば、『精神界』は清沢満之を主幹とした雑誌であると認識されていたことがわかる。事実、清沢の名前を特に大きく打ち出してその知名度に依拠するということがなかったにもかかわらず、創刊当時から世間は清沢満之を『精神界』の主筆と認識していたようで[32]、現在でも『精神界』の名は清沢満之の名前とほとんど同一視されているのが現状である[33]。だが、『精神界』の創刊号の奥付を見ると「編集兼発行人」として名前が記されているのは暁烏敏であって、清沢の名前はどこにも記されていない。このことは、のちに清沢と共同生活を送ることになる多田鼎、佐々木月《ささきげつ》樵《しょう》、暁烏敏の三人が力を合わせ、清沢の監督のもと当誌を出版することになったという経緯とも関係していると考えられるが[34]、ともあれそうした事実も、世間一般の理解とは異なり、清沢は創刊当初から主幹・主筆として『精神界』を実質的に取り仕切り、リードしていく立場にはなかったことを暗に示していると思われる。

そうした清沢の消極的な関与のしかたは、創刊号を飾る社説として発表された論文、「精神主義」が執筆されるに至ったエピソードや、同じく創刊号の「講話」欄の「信するは力なり」が多田によって「成文」された際のエピソードなどにも如実にあらわれている。前者に関していえば、『精神界』の向かうべき方向性を鮮明にする意味でも、きわめて重要なものと位置づけられるはずの一文のテーマについて、清沢は「何を書きましょうかな」と門人たちに意見を求めている。そのうえで「『精神界』の巻頭文ですから精神主義がよろしいでしょう」という周囲の意見を受け入れて書かれたのがこの論文だといわれているのである。(35)「先生は大抵は全然の任し切りで何事にも干渉せられない」といった暁烏の清沢評は、そうした態度からも導かれてくるものであろう。「全然の任し切り」で「何事にも干渉せられない」姿勢が、「主幹」とされ、「精神主義」の思想活動を先導してきたとされる人物の姿勢でないことはいうまでもない。

ところで、明治三十三年の秋口から新都・東京の地で共同生活を送ることになる暁烏、多田、佐々木の浩々洞の「三羽烏」と清沢との出会いは、京都の時代にまでさかのぼる。当時、三人はまだ京都の真宗中学の生徒で、そこで教鞭を執っていた清沢の教え子であった。暁烏は、清沢の没後、教職を辞し京都の白川村に拠点を構えて宗門改革運動に取り組んでいた頃の清沢との交流をこう振り返っている。

先生が明治二十九年の頃あの白川村においでた時分から、この後も、私は多田や佐々木と共に先生を訪問することが多かつた。その折に私共はひそかに清沢先生は偉い方でありなつかしい方であるが、浄土真宗の宗乗を知られないから、どうかして先生を真宗の安心を味はうて貰ふやうに導かねばならぬと話し合うてゐたのでした。(36)

これは、のちに刊行されることとなる雑誌『精神界』の性格を知るうえで、きわめて貴重な証言であろう。明治二十九年の頃といえば、彼らはまだ京都の真宗大学に入学したての頃である。この時期に、すでに「浄土真宗の宗乗」を知らない清沢先生をどうにか「真宗の安心を味はうて貰ふやうに導かねばならぬ」ないといったことが話し合われていたというのだから驚きである。

三人が、京都の真宗大学を卒業後、恩師の後を追うように京都の地を離れたのは、それから約四年後の、明治三十三年秋のことである。暁烏によれば、この頃までには、東京での雑誌発刊のシナリオは頭のなかに思い描かれていたという。三人が東上する直前の明治三十三年七月、彼らは三河の安城で開かれていた「三為会」の説教場に清沢を訪ねるべく足を運んでいる。彼らは説教場の縁先で西瓜を食べながら師と語らい、卒業後の進路のことや、東京での雑誌発刊の計画について打ち明けたというが、暁烏の言葉を借りれば、このとき清沢はこれを即座に「嘉納」したという。(37)そしてそうした清沢の反応に気を良くしたのか、暁烏は半年後に発刊される雑誌の「誕生の辞」を、雑誌名すら決まっていない九月の段階ですでに書き上げてしまっていたというのである。(38)それと同時に、彼はこの間、来るべき雑誌の発行に向けて、京都の本山に資金的援助を願い出るなど、さまざまな手配にも奔走している。これらのことからも、三羽烏のうちでも、とりわけ暁烏敏の意気込みの強さがいかに際立っていたかがうかがえる。(39)

ところで、清沢の死から約十五年後の大正八年に、暁烏は「清沢先生へ」という懺悔文を発表している。そのなかで彼は、清沢師の死後、十年の間に、自分たちが「いつのまにか、先生の溌剌たる中心の信味を、徳川時代に堕落し来たつた便利の為に考へられた所謂宗乗の殻に入れようとし、また殻に入れてしま」ったこと、そのことで「先生の名によりて、旧いつまらぬ信仰の概念が新しい粧ひをしてきた」ということを赤裸々に告白している[40]。

暁烏のこの告白を素直に受けとめれば、彼らが清沢の「溌剌たる思想」を「旧い宗乗の殻」に入れてしまうことで誤った方向へと導いたのは、清沢の死後、十年の間ということになる。だが、指摘したように、彼らの胸のうちには、京都の学生時代からすでに、清沢先生に「真宗の安心を味はうて貰」いたいといった思いがあったことは看過できない。つまり、「精神主義」の堕落は、清沢在世の時代からすでにその兆候を見せはじめていたのではないかということである。そのことは、たとえば、境野黄洋が清沢在世時に、「精神主義」を「新しき形を取り、しかも根本的には却て古き解釈を取るもの」と批判しているあたりにもあらわれているのではないだろうか。

要するに、清沢晩年の思想とされる「精神主義」に思想的一貫性が欠けているように感じられてしまうのは、そこに清沢が生きていた時代から特定の門人らの意識や意向が、かなり広範囲にわたって反映されているからだと理解するのが妥当なのではないかということなのである。

八　雑誌『精神界』と清沢

ここまで、雑誌『精神界』が出版され、「精神主義」の思想活動が展開されていくまでの動向を、門人らの証言などを手がかりに概観してきた。その過程でわかってきたのは、おおよそ以下のことである。

一、清沢によって提出された原稿が『精神界』に掲載されるにあたり、思想の本質を左右するような重要なポイントにおいて、編集者による書き換えや言葉の補足が頻繁に行われている可能性があると考えられる。

二、『精神界』では、最初期の段階から、本人の目を通すことなしに、清沢の文章をかなり自由に「成文」して清沢の名前で公にするということが行われている。そのことに加えて、現在、門人による「成文」であることが判明しているもののほかにも、まだいくつかの「成文」が指摘されないまま埋もれている可能性は捨てきれない。

三、『精神界』の刊行を提案し企画したのは、暁烏、多田、佐々木の三人で、彼らはもともと寺族の出身ではない清沢に、真宗の宗乗を味わってもらいたいという思いを強く抱いていた。よって、清沢が当誌の監督者とされるのはあくまで名目上のことにすぎず、『精神界』の運営に関しては、そこで紡がれる思想的な内容も含めて、清沢は彼らの自主性に「任し切り」であった。

四、暁烏をはじめとした門人たちが、清沢像の形成において大きな役割を果たしてきたことは否定できないが、暁烏が示すような、清沢の思想が「精神主義」以降に一変したとする理解の正しさを裏づける証拠は存在しない。

ここに示された見解のなかには、従来の「精神主義」理解の常識をくつがえすような事柄がいくつか含まれているが、明治三十四年一月の創刊号から、清沢が亡くなる明治三十六年六月の第三巻六号までの間に『精神界』に掲載された、清沢の（ものとされる）全四十二本の論文や講話の類がどのような時期に、どのような頻度で発表されているのかを見ていくことによっても、かなりの程度、これらの見解の正しさを裏付けることが可能なように思われる。

次頁に掲げる**表1**は、清沢の生前に『精神界』に掲載された四十二本すべての掲載巻号、タイトル、掲載欄、記名者、および成文者の氏名を示したものである。なお、表中の文章タイトルで、**太字**になっているものは、編集者に原稿が提出された形跡の認められるもので、そのうち実際に清沢の自筆原稿等が確認できているものについては、特に斜体で示してある。また、タイトルが網掛けになっているものは「講話」欄に掲載されたもの、タイトルの前に▲印をつけたものは、さまざまな事情から清沢以外の人物が執筆に関わっていることが強く疑われるものである。

これを見ると、門人により「成文」されているものを含め、清沢のものとされてきた講話や論文の類は、創刊号が出版された明治三十四年一月から、第二巻三号が出る明治三十五年三月までの一年三ヵ月の間は、第一巻六号、八号、十二号の三つを除き、ほぼ毎号にわたって「精神界」欄と「講話」欄に一本ずつ、コンスタントに掲載され続けていることがわかる。このうち、第二巻三号までに「講話」欄に掲げられた文章に関していえば、そのうちの約半分が清沢以外の人物によって執筆されたものであることがわかっている。なお、この一年三ヵ月の間に限れば、「成文」も含め、「講話」欄に清沢の文章の掲載がなかったのは、第一巻六号だけである。

一方、同じ時期に「精神界」欄への掲載がなかったのは、第一巻八号と第一巻十二号の都合二回である。このように『精神界』には、第二巻三号までの間は、「精神界」欄と「講話」欄の両方の欄に、

表1　雑誌『精神界』所収論文（創刊号から三巻六号まで）

巻　号	論文タイトル	欄	記名者	成文者
一巻　一号	**精神主義**	精神界		
	信ずるは力なり	講話	清沢	多田
二号	**万物一体**	精神界		
	公徳問題の基礎	講話	清沢	
	▲三誓の文	解釈	浩々洞	
三号	一念	講話	清沢	
	自由と服従の双運	精神界		
四号	科学と宗教	精神界		
	遠美近醜	講話	清沢	多田
五号	精神主義と物質的文明	精神界		
	智慧円満は我等の理想なり	講話	清沢	暁烏
六号	宗教は目前にあり	精神界		
七号	競争と精神主義	精神界		
	実力あるものの態度	講話	清沢	暁烏
八号	楽天	講話	清沢	
九号	先づ須らく内観すべし	精神界		
	心機の発展	講話	清沢	暁烏
十号	**精神主義と唯心論**	精神界		
	真正の独立	講話	清沢	
十一号	精神主義と他力	精神界		
	宗教的信念の必須条件	講話	清沢	
十二号	**善悪の思念によれる修養**	講話	清沢	
二巻　一号	迷悶者の安慰	精神界		
	仏による勇気	講話	清沢	暁烏
二号	**精神主義と三世**	精神界		
	客観主義の弊習を脱却すべし	講話	清沢	
三号	精神主義と共同作用	精神界		
	日曜日の小説	講話	清沢	暁烏
四号	▲親鸞聖人の御誕生会に	雑纂	清沢	
五号	▲信仰問答（一節）	雑纂	清沢	
六号	***絶対他力の大道***	精神界		
七号	生活問題	精神界		
八号	天職及聖職	講話	清沢	佐々木
九号	倫理以上の安慰	講話	清沢	安藤
十一号	自ら侮る自ら重すると云ふ事	講話	清沢	
十二号	人の怒るを恐るる事	講話	清沢	
三巻　一号	**倫理以上の根拠**	講話	清沢	
二号	我以外の物事を当てにせぬこと	講話	清沢	
四号	▲喀血したる肺病人に与ふるの書	論説	清沢	
五号	**宗教的道徳（俗諦）と普通道徳との交渉**	講話	清沢	
六号	***他力の救済***	精神界		
	我信念	講話	清沢	

ほとんど途切れることなく清沢のものとされる文章が掲載され続けていることがわかるわけだが、そのことは、そこにある程度、『精神界』を中心とした出版・言論活動に対する清沢の理解と協力があったことを示しているであろう。

それが、どういうわけか、第二巻四号以降になると、事態が一変してくる。「精神界」欄に清沢の論文が掲載されるペースが、目に見えて落ちてくるのである。

ともあれ、以降、清沢が死去する明治三十六年六月に第三巻六号が発行されるまでの、後半期の一年と三ヵ月の間に「精神界」欄で発表されている清沢の文章はわずか二本にすぎず、しかもそのうちの一本（「絶対他力の大道」）は、門人の多田が日記から言葉を抜粋して発表したとされるものなのである。

そこにさまざまな事情があったにせよ、門人たちの熱意に応えようとする清沢の姿勢に、明らかな変化が兆しはじめているという証拠だとは考えられないだろうか(41)。少なくとも、執筆の頻度という観点でいえば、清沢が第二巻四号以降、社説にあたる「精神界」欄にぱたりと文章を寄せなくなっていることは事実である。

ちなみに、当誌の刊行と運営において中心的な役割を果たしていたと思われる暁烏が、同時期に『精神界』にどれほどの量の文章を寄せていたかといえば、小文を含めると、一号あたり十本近くもの文章を寄稿しているのである。極めつけは第二巻一号で、暁烏が書いたことが判明しているものだけでも、十六もの文章が掲載されている。そうしたことも、雑誌『精神界』での言論活動が、基本的に暁烏をはじめとした浩々洞の門人らの熱意と努力によって支えられていたことを如実に示していよう。

ところで、門人の一人である安藤州一は、「精神界」欄の諸論文については、毎回、清沢自身が筆を執ったと証言している。この言葉は、裏を返せば「精神界」欄以外の文章については、門人たちがかなり自由に執筆できたということを示唆していると考えていいのではないか。だとすれば、いくら執筆意欲に翳りが見えはじめていたとしても、門人に「成文」させるというかたちをとりさえすれば、清沢満之の名前で講話文を当誌に発表し続けていくことは不可能ではなかったわけで、現に「精神界」欄以外の文章については、「成文」の記載のあるものも含め、清沢が死ぬ明治三十六年六月まで、ほぼ途切れることなく、清沢の名前で文章が掲載され続けているのである。

ただその場合にも、やはり腑に落ちないのは、「精神界」欄への執筆を実質的にやめてしまったあとも、何故に清沢は「精神界」欄以外の欄には、コンスタントに文章を寄稿し続けているのかという点である。すでに述べたように、清沢の記名入りで発表されている文章のうちには、門人の手による「成文」がまだいくつか含まれている可能性が否定できない。そうである以上、どうしても疑われてきてしまうのは、「成文」であるということが記されていないだけで、第二巻四号以降に発表されているもののいくつかにも、まだ門人の筆による「成文」が含まれているのではないかということなのである。

註

（1）末木文美士「内への沈潜は他者へ向いうるか――明治後期仏教思想の提起する問題――」（『思想』九四三、二〇〇二年）一七頁。

（2）本書では、そうした見地からなされてきた多くの批判を一々紹介することはしないが、代表的な論者としては、赤松徹真や伊香間祐學、福嶋寛隆といった諸氏の名前を挙げることができる。

（3）「宗教的信念の必須条件」の戦争肯定につながるともとれる発言が、同時代人により問題視された形跡は見当たらない。実際、『精神界』ではもっと過激で、明らかに戦争の肯定につながるような言説がなされており、挙げればきりがないほどなのだが、これらの過激な戦争観ですら、当時の時代状況ではほとんど等閑視されてきたといえる。

（4）安藤州一「浩々洞の懐旧」（福嶋寛隆・赤松徹真編『資料　清沢満之〈資料篇〉』同朋舎、一九九一年）二二七頁。

（5）暁烏敏「精神主義と性情」（『精神界』一―十二）。

（6）花田衆甫は「精神主義」を批判したいくつかの論文を発表したことを契機に、興正寺円頓学寮の講師を務めるようになり、その後、龍谷大学の学長に就任している。花田の場合も、直接のきっかけとなったのは暁烏の書いた「精神主義と性情」であった。花田は『六条学報』誌上に「『精神主義』を評して宗義の謬解を正す」と題した論文を発表しているが、そのなかで「他力を悪解したる邪見の人々は、悪人正機の教意を庇護として、諸有罪悪を作す凡夫の自性なりと是認し、嘗て一念懺悔の心を起さず、姦淫、窃盗尚ほこれ恥ぢざらんとす、此に至りて倫を破り徳に悖り身を損ひ人を傷く、しかも恬として仏陀の大悲を説く」と手厳しい批判を展開している。

（7）境野黄洋「羸弱思想の流行――ニイッチェ主義と精神主義――」（福嶋寛隆・赤松徹真編『資料　清沢満之〈資料篇〉』同朋舎、一九九一年）二八頁。

（8）花田は、これに先立ち「排精神主義」と題した論文を発表している。そのなかで彼は「樵夫に舟漕げ」とはいわないこと、また船人に向かって「炭焼け」といわないことと、「偸盗者」に偸盗せざれといわない、あるいは「邪婬者」に邪婬するなと命じないこととの間には、天淵の差異があると主張している。そもそも、男に女たれというのは不可能な要求であろうが、妄語者に妄語を廃せよということとは根本的に異なるというわけである。

（9）のちに『精神界』の編集を任され、清沢満之の思想の正統な後継者とも評されることになる曾我量深も、当時の「精神主義」の思想に疑問を抱いていた一人であった。明治三十五年一月発行の雑誌『無尽灯』で展開されている曾我の批判はこうである。慈悲主義の道徳が、已に為してしまった行為に対してそれを償えとはいわないのはよいとしても、それが「未造業」について「感化改善を其の対象に向て求めざる者と誤断」してはならない。「要するに精神主義は其消極的態度を過去に専注し過去の失敗に即罪悪に対するアキラメ主義とする点に於て非常に有効」ではあるけれども、「将来の行為の指導者」としては、価値は「殆ど零」だといわざるを得ない。したがって、「精神主義」は、「将来に対して唯盲目的活動力を与ふるに過ぎ」ないもの、あたかも小児に与えられた「秋水したたる所の劔」のように、「人生生活の主義として」はあまりに危険なものである、というのである。

(10) 久木幸男「『精神界』の社会的位相」(『近代の宗教運動――『精神界』の試み――』法藏館、一九八六年)一三六頁。

(11) 吉田久一によれば、境野は「単に情的なものでなく意志的であり、それを克服して慈悲の仏に頼った」清沢の性格をよく見抜いていたからだともいわれる(『吉田久一著作集四 日本近代仏教史研究』吉川弘文館、一九五九年、二七七頁)。だとするなら、境野による「精神主義」批判は、直接的には清沢の思想に向けられていたわけではないということになる。実際、彼は「清沢先生を哭す」という追悼文に「反対の鋒先が鈍らざるを得ない」と書いている。

(12) 脇本平也「清沢満之――精神主義の仏教革新――」(『浄土仏教の思想』第一四巻、講談社、一九九二年)一五三~一五四頁。

(13) 毎田周一「先師と清沢師」(『毎田周一全集』第七巻、毎田周一全集刊行会、一九七〇年)四〇三頁。

(14) 久木「『精神界』の社会的位相」一五一頁。

(15) 末木文美士は、「内への沈潜は他者へ向いうるか――明治後期仏教思想の提起する問題――」(一八頁)で、戦争協力へと流れた精神主義の思想的原点を、「後に清沢門下は、昭和の戦時期に戦時教学をもって戦争協力を強力に推し進めることになる、無批判な体制道徳の即時的な肯定への逆転は、ひとつにはその原点をなす清沢の精神主義のもつこの両義性に由来するのではあるまいか」と、清沢の思想のもつ両義性に見ようとしている。

(16) たとえば、安藤州一「浩々洞の懐旧」など。

(17) なお、『岩波版全集』には、「精神界」の欄は無記名で書かれており、清沢が執筆したものであるかどうかの判断は難しいが、『精神界』を刊行していた浩々洞の編集・校訂により出版された『清沢全集』(全三巻・無我山房刊)を参考に収録したとの注記がある。

(18) 暁烏敏「清沢先生の信仰」(初出一九〇八年、のちに『涼風学舎版暁烏全集』第八巻、一九七九年)四七六～四七七頁。

(19) 清沢満之の記名があることを理由に、文責が清沢満之に全面的にあると考えるのは、『精神界』の文章に関する限り正しくない。というのも、清沢が亡くなってから、しばらくの間、『精神界』には清沢の名前で文章が掲載され続けているからである。もっとも、これらは、遺稿が整理されたかたちで発表されたものにほかならない。しかし、それらの文章には、当然のことながら編集の手が加わっており、現代の感覚では、原文のままで掲載されていない以上、どこがどう修正されたか、比較・検討可能なかたちで掲載するというのが本来のありようであろう。ともあれ、そうした明治期との感覚の違いが、清沢の思想を忠実に再現するうえでの障害になっていることは否めない。

(20) 『岩波版全集』Ⅵの「解説」(延塚知道執筆、四〇七頁)には、以下のようにある。

清沢満之の仕事を、前期の哲学期と後期の宗教期に大きく二分できることは、異論のないところであろう。もちろんその二つの仕事が独立してあるわけではなく、前期の哲学期の学問は、やがて熟して後期の宗教的信念にまで具体化していくのである。それは清沢の学問の全体が、人間の最も深い宗教心ないしは求道心によって、貫かれていることに依るものである。この第六巻は、清沢の後期の仕事の精華である宗教的信念の思想的表現を「精神主義」と名づけて収録したものである。

(21) 『岩波版全集』Ⅷ—四四一～四四二頁。

(22) 『法藏館版全集』Ⅴ—六二二頁。

(23) 松原祐善「浩々洞の歩み」(『講座近代仏教』四、法藏館、一九六二年)九四頁。

(24) 柏原祐泉「「精神主義」の構造」(『日本近世近代仏教史の研究』平楽寺書店、一九六九年)四二二頁。

(25) 近年の研究でも、明治三十三年頃の清沢の思想と、『宗教哲学骸骨』が書かれた明治二十五年の思想との間に十分な思想的関連があることが指摘されている。清沢は『宗教哲学骸骨』に代表される前期の思索を、明治二十七年の「翻転」後にも、教団改革運動の挫折以後にも捨ててはおらず、『宗教哲学骸骨』の思想は、晩年に至るまで「学問と宗教の関係性を論じる上での理論的基礎として変わらない位置を有していた」（田村晃徳「学と信の関係――清沢満之における「宗教と学問」――」〈『現代と親鸞』第一六号、親鸞仏教センター、二〇〇八年〉一八頁）とされる。

(26)『清沢満之先生』と題されたこの伝記を書き上げた西村見暁には、清沢と直接対面した経験はない。東京帝大の印度哲学科に在籍中に清沢満之の研究を始めた西村の同書は、もともと卒業論文として書き上げられたものであった。彼はこの論文を作成するにあたって、主として暁烏敏に取材している。したがって、そこには暁烏による清沢理解が、かなりの程度反映されていることが考えられる。

(27) 前者は明治三十四年十一月発行の『仏教講話集』に、後者は、清沢の死から四年後の明治四十年六月の『精神界』七―六に掲載されたものである。

(28) 西村見暁『清沢満之先生』（法藏館、一九五一年）三〇一頁。

(29) 華園兼秀という人物は、大正三年に真宗大谷派本願寺蔵本を定本とした『親鸞聖人文集』の校訂にも携わっている学僧である。

(30) 福嶋寛隆は「清沢満之の信仰とその歴史的性格」で、「宗教的信念の必須条件」と「精神主義（明治三十五年講話）」を取り上げ、清沢の思想が、結局のところ「現実の無条件肯定」に行き着くしかないと主張して、その陥穽を痛烈に批判している。実際、華園兼秀が筆記・清書して寄せたとされる「精神主義」が、清沢の「精神主義」に対する批判の根拠とされるケースは少なくない。そうした社会的な視点の欠如、あるいは「現実の無条件肯定」といった評価がなされるときにしばしば取り上げられる件《くだり》に、たとえば次のものがある。

又私共は、社会の不足弊害等に対して、之れを満たし、之れを正さんとも敢てせんのである。精神主義より云へば、如来の光明は無限であつて、社会に満ちたるのであるから、それに不足や弊害のあらうとは思ひませぬ。之に不足弊害のあるやうに見るのは、私共の心の至らないのであります。其れ故私共の心さへ立派になれば、自ら社会は立派になるので、丁度此世界を凡夫の世界と見て居るのは、私共の見る心が凡夫であるからなのであるが、今如来より見給へば、此世界は清浄なる国土となるのと同じことであります。

（『岩波版全集』Ⅵ―一六七〜一六八頁）

(31)　もちろん、そのことは必ずしも、西村一人のせいではない。そこには、彼がこの伝記を書き上げるにあたって、取材源として暁烏に頼らざるを得なかったという事情があるからである。そのため、西村が描き出す清沢像は、基本的に暁烏が語る清沢像に沿ったものとなっているといっていい。しかし、そもそも清沢の大きな思想的転換点を「精神主義」の以前と以後の間に主張する暁烏の見解もまた、清沢自身が書き残している明治三十五年の回想文や、「我信念」の編集段階で行われている文章の改変の痕跡などから判断して、根拠のないものといわざるを得ない。

(32)　久木「『精神界』の社会的位相」一三五頁。

(33)　しかしながら、久木幸男も『検証　清沢満之批判』で指摘しているように（一六四頁）、主幹もしくは主筆として『精神界』の全体を総括する立場にあったはずの清沢が編集に関してどのように機能していたのかなどを含めて、『精神界』の思想をめぐる議論の喧しさとは対照的に、そのあたりの基礎的な研究は進んでいないのが実情である。

(34)　暁烏敏「清沢先生へ」（『涼風学舎版暁烏全集』第二二巻、一九七九年）二六一頁。

(35)　西村『清沢満之先生』二九一頁。

(36)　暁烏「清沢先生へ」二六二頁。

(37)　暁烏「浩々洞と『精神界』」（『涼風学舎版暁烏全集』第二一巻、一九七九年）二〇六頁。

(38)　『法藏館版全集』Ⅷ―三〇二頁。

(39)　佐々木月樵に関していえば、当初、さほど東上に乗り気ではなかったらしい。暁烏は、しばしば「私共三人」といって、佐々木も暁烏や多田と同じ野心を共有していたかのごとく語っているけれども、同じく真宗大学時代の同級生で、彼らに遅れて浩々洞に加わった安藤州一などは、清沢門下に「信仰」的、「政治」的、「学問」的な色彩の違いにより三つの思想傾向があったことを指摘したうえで、多田を「右党」、暁烏を「左党」、佐々木を「正統」と名付けたいと述べている。

(40) 暁烏「清沢先生へ」二六二～二六三頁。

(41) とはいえ、この時点で清沢の気持ちが完全に『精神界』から離れてしまっていたわけではない。そのあたりの事情は、明治三十五年三月十七日付けで盟友の稲葉昌丸に宛てた手紙の文面などからうかがい知ることができる。

精神界トカ無尽灯トカ将又勝友誌家庭誌迄ニモ御義理ハ尽シ度ケレトモ其丈ノ勇能ハ無之　大学ダトカ丙甲会ダトカ降誕会トカ誕生会トカ大谷会トカ青年会トカイヤハヤ頓ト閉口罷在候

（『岩波版全集』Ⅸ―二八四頁）

この時期の清沢が、結核という不治の病を抱えながら真宗大学学監としての業務に多忙を極めていたことは確かである。注目すべきは、そうした状況下にあってなお、友人の稲葉に、『精神界』に対しても「義理」を尽くしたいと心情を吐露している点であろう。浩々洞の門人たちの熱意に応えたいと考えていたといえる理由の一つは、『精神界』誌に対してあくまで「御義理ハ尽シ度」いと述べていることにある。しかし、どうしても奇妙に感じられてしまうのは、自らが主幹を務めているはずの『精神界』に、清沢がそれを『無尽灯』その他の雑誌と並べたうえで、「御義理」などという表現を使っていることである。もしかりに清沢が名実ともに当誌の主幹を務めていたとすれば、そのような言葉が彼の口から出てくることはなかったのではあるまいか。

付言すれば、『精神界』に創刊号以来毎号にわたって掲載され続けてきた清沢の文章は、二巻十号でいったん途切れている。この号が刊行されたのは、明治三十五年十月のことであるが、この時期、清沢は自身が学監を務める真宗大学で巻き起こった騒動の渦中にあった。この騒動は、結果的に、学監の辞任劇にまで発展している。そうした状況のなか、門人らも必然的にこの騒動に巻き込まれているものと思われ、師の「講話」を「成文」している余裕などなかったのかもしれない。騒動の責任をとって自ら学監を辞任した清沢は、翌月には浩々洞を去り、自坊のある三河に居を移している。その際、清沢は『精神界』の廃刊を提案したともいわれる。そして、翌年の六月六日に亡くなるまで、浩々洞に戻ることは二度となかったのである。

第二章　「雑誌『精神界』所収論文」を検証する

一　『精神界』分析のための視点

本章では、第三者による「成文」もしくは「執筆」が指摘されているもの以外にも、まだいくつか門人の手による「成文」が含まれているのではないか、あるいは清沢本人が執筆していたとしても、そこに筆者の思いに反する文言の付加や改変があるのではないかといった視点から、『岩波版全集』Ⅵに「雑誌『精神界』所収論文」として収録されている論文や講話のうちのいくつかについて、さまざまな角度から細かく検討を加えていくことにしたい。

『岩波版全集』Ⅵに「雑誌『精神界』所収論文」として収録されている論文や講話の類は、清沢の死後に発表されている「精神主義〔明治三十五年講話〕」を合わせると四十三本にのぼる。それらを掲載欄別に分類すれば、「講話」欄に掲載されているものが二十三本、「精神界」欄に掲載されているものが十六本、「雑纂」欄に掲載されているものが二本、さらに浩々洞註として「解釈」欄に掲載されているものが一本、および「論説」欄に掲載されているもの一本、に分類することができる。

これら四十三の文章に一通り眼を通してまず受けるのは、文体や語り口だけにとどまらず、思想的な傾向にも随分と偏りがあるといった印象である。そして、そうした傾向性の偏りは、とりわけ「精神界」欄に掲載されているものと、そのほかの欄に掲載されたものの間において著しいように思われる。

第二章では、論文相互の傾向性の比較のしやすさということに配慮して、分析のためのポイントを、便宜的に五つに絞ったかたちで検討を進めていきたい。これら五つの視点は、晩年に発表されている文章のなかでも、『精神界』以外の媒体に掲載されているものを中心に分析した結果に基づき、暫定的に設定されるものである。よって、それが清沢本人の筆によるものかそうでないかを最終的に判断するための材料とまではいえなくても、その第一段階にあたる作業としては、ある程度まで有益な視座が提示されることが期待されると考えられる。

(イ) 一人称表現

第一のポイントは一人称の表現にある。一人称表現に関しては、『精神界』以前に書かれているものや、『精神界』と同時期に書かれているものでも、『精神界』以外の媒体で発表されているものでは、清沢はほぼ例外なく「吾人」を使用している。このことから、清沢が「吾人」以外の一人称表現を使うことは、あるにしてもかなり稀なことであるといっていい。実際、『精神界』に収録されているものでも、清沢本人が書いたとされる「精神界」欄の文章には、一貫して「吾人」の使用が認められる。それに対して、「精神界」欄以外の文章では、一部に「吾人」という言葉の使用も認められはするものの、基本的には「私共」「我等」「我々」など、使われている一人称表現は実にさまざまである。

なお、この点については後でも詳しく触れることにしたいが、「講話」欄に掲載されているもののなかで一人称に例外的に「吾人」が用いられている「公徳問題の基礎」「善悪の思念によれる修養」及び「倫理以上の根拠」の三本については、清沢が編集者に差し出している手紙の文面などから、そのいずれにも清沢本人によって書かれた原稿が存在していたことが推察される。

一方、「精神界」欄の十六の論文で「吾人」の使用が認められない例として、「絶対他力の大道」と「他力の救済」の二つが挙げられる。幸い、この二つの文章にはどちらも自筆原稿に相当するものが残っている。それらと照合すると「絶対他力の大道」の場合には、編集の段階で「吾人」が「我等」に書き換えられているのがわかる。

さらに、清沢が編集者に原稿を提出している形跡のある講話文「善悪の思念によれる修養」には、興味深い現象が見られる。文の前半部で、一貫して「吾人」が用いられていたのが、後半部ではなぜか突然「私共」に表現が変わっているのである。このことはいったい何を意味しているのか。「善悪の思念によれる修養」の提出された経緯については、この原稿と一緒に同封されていたとされる暁烏宛ての手紙の次の文面から、おおよその事情を推し量ることができる。

先日出発以来無音失敬仕候。特に雑誌文予約申上置ながら出来不致、申訳無之候。毎日ガヤガヤ送過致し、何の思案も出不申、漸く別紙「講話原稿」、今朝来の思附、只今書き了り候に付直ちに投郵致候。行文の不調なる所等御呵正被下度候願上候。(1)

手紙には、明治三十四年十二月八日午後三時と日時が記されている。そのことも併せて想像されるのは、かねてより依頼されていた原稿を、「行文の不調」なまま、どうにか十二月八日の午前中までに書き上げ、午後には投函することができたということであろう。この一文の掲載された第一巻十二号が発行されているのは、約一週間後の十二月十五日のことである。したがって、十二月八日の午後に愛知県から郵送された原稿が東京に届いてからすぐに校正し、印刷に回さなければならなかったとするなら、校正者の目が細部まで行き届かなかったとしても無理からぬことだったのかもしれない。ただ、少なくともこの講話文の前半部分では一人称に「吾人」が用いられており、たとえ講話文であっても、原稿の存在が推定されるものにあっては、やはり「吾人」が使われる傾向にあったことは基本的に変わらないということはいえる。

このことは、逆にいえば「吾人」以外が使用されている場合には、そもそも清沢によって書かれた文章ではなかったか、編集者により随意に書き換えられている可能性が高いことを示唆しているのではないだろうか。

(ロ)引文および人名への言及

二つめに注目すべきポイントは、経典等からの引文ないし高僧などの人名への言及が、どの程度なされているかという点にある。

「吾人」という一人称表現のほかに清沢の書く文章に見られる顕著な特色を挙げるとすれば、いたずらに情緒を交えることのない、理路整然とした、淡々とした筆致にその特徴を指摘することができる。そのことは、「精神主義」以前に書かれた諸々の文章や、晩年に書かれたものでも『精神界』以外に寄稿されているものに目を通せばすぐにわかる。このような筆致の特徴については、暁烏なども

「先生の文章は飾り気のない、つまらん文の様である」とか「先生の文みたいに引文のない文も稀である」と述べているし、「人の名など出すのは卑怯だ、やたらに人の名を出すのは人の面をかむつて何かやらうとすると同じだと言はれたことがあつた」という、清沢の言葉が紹介されていたりもしている。(2)

清沢の書く文章では、他力門の仏教を基盤にして「精神主義」の思想が語られる文脈においてすら、経典などからの「引文」や、親鸞をはじめとした高僧らの名が出てくることはきわめて稀である。したがって、少なくとも『精神界』以外の媒体で発表されている文章に関する限り、暁烏の指摘は的を射ていると思われる。

ただ、清沢の文体的特徴をそのように評する暁烏は、先にも触れたように、清沢の思想が「精神主義」以前と以後とで大きく変化したと主張している。そういわれれば、なるほど『精神界』で清沢のものとして発表されている文章のうちには、他の文献からの言葉の引用や、人名への言及が見られるものも少なくない。だが、そうした事例は、多くの場合、「講話」欄に掲載されている文章のなかに見られるものであって、かりにそれらを除外して考えることが許されるとするならば、若い頃からの、引用のない淡々とした筆致や語り口は、最晩年に至るまでほとんど変わっていないといえそうなのも事実である。つまりそこには、やたらに人名を出すのは「卑怯」だとする確固たる信念が一貫して保たれているように感じられるのである。(3)

(ハ)敬体表現の併用

三つめに注目したいのは、これもまた文体上の特徴に関係することだが、「講話」欄に掲載された文章を中心に、「〜だ」「〜である」調の常体文をベースにした文章のなかに、適度に「〜です」「〜ます」調の敬体表現が織り込まれるという、一種の修辞的技法が頻繁に登場してくるという点である。そうした技法には、読み手の情緒をかき立て、心情に直接訴えかけるのに一定の効果があるように思われるが、「精神界」欄のものや、雑誌『精神界』以外で発表されている清沢の文章には、ほとんど見られない表現技法でもあるのである。

ところで、清沢の文章を、暁烏が「飾り気のない、つまらん文の様である」と評しているのとは対照的に、清沢は暁烏の書く文章を、人をして「頗る酔は」しむる力があると持ち上げている[4]。暁烏の書く文章が、詩的情感に溢れる、力感漲る文章であったことは確かだが、彼の文体上の特徴として目を引くのが、まさにこの、常体表現のなかに、適度に敬体表現を織り交ぜてくる技法なのである。もっとも、そのような修辞的技法が認められるということだけで、清沢以外の人物による執筆ということが証明できるわけではない。しかしながら、多田ないし暁烏の「成文」(「執筆」)であることがはっきりしているものに関していえば、高い頻度でこの修辞法が認められることは事実であるし、『精神界』誌上に文章が掲載されるにあたり、編集の段階でどのような修正が加えられているかについては、明治三十四年一月発行の『家庭』誌に、近藤純悟の「成文」で発表されている清沢の講話、「因縁と諦むること」が、数年後に暁烏の編集で出版される『法藏館版全集』Ⅵに採録されるにあたり、いかなる表現の書き換えがなされているかを確認することによって、ある程度まで推測がつく。

もともと『家庭』誌で発表されたこの一文は、全集に採録されるに際して大幅な文言の書き換えがなされているが、そこでの大きな修正や書き換え箇所として、以下の三つを挙げることができる。一つめは、もともと「吾人」となっていた一人称表現は、すべて「私共」に置き換えられている点、二つめは、「べからず」「べし」は、「でなければならぬ」といった、強請性（「他人ノ云為ニ干渉」するがごとき説教者的な言葉遣い）を帯びた口語表現に書き換えられている点、三つめは、「注意せざるべからず」が「注意せねばなりませぬ」といった具合に、要所で常体表現が一部、敬体表現に書き換えられている点である。

そのような事実があることもまた、『精神界』で清沢の文章として発表されているもののなかに、まだいくつかの「成文」が混入しているのではないか、あるいは、第三者によって思想的価値を左右するような書き換えがなされていないかどうかを検討していく際の一つの判断材料となり得るものと考えられる。

㈡強請性

残る二つのチェックポイント、強請性ということと、恩寵主義的思想傾向に関しては、思想的な側面と直接に関わってくる問題である。

清沢は親友の稲葉昌丸との手紙のやり取りのなかで、『精神界』の語り口について、次のような不満を漏らしている。

精神主義ハ他人ノ云為ニ干渉セヌ筈ナリシニ飛ンダ失策ヲ仕リ候　シカシ忠告ハ必シモ採用ヲ迫

ルモノニハ無之其取捨ヲ先方ノ自由ニ一任シテ満足スルモノト見レバ彼モ敢テ精神主義ニ反スルモノニモ可無之乎　呵々(5)

これ以前にも、稲葉との間では、幾度か『精神界』の論調に対する批評や忠告のやりとりがなされていたようだが、(6)この文面からだけでは、「他人ノ云為ニ干渉」するような「失策」が清沢自身の失策だったのか、『精神界』の言論活動に深く関わる他の誰かの失策だったのかは判然としない。とはいえ、手紙の日付が明治三十五年三月十七日となっていることから、第二巻三号あたりに発表された論に対する批評であったことは容易に想像がつく。

この指摘が、具体的に誰のどんな語り口に向けられたものなのかはわからないものの、「他人ノ云為ニ干渉」しないこと、「他人に強てかうせよと勧める」(7)がごとき語り口を、清沢は「精神主義」におけるあるべき語り口とは捉えていなかったことだけは間違いない。だとすれば、そのような強請的な語り口が見られるかどうかは、それが清沢によって書かれた文章であるかどうか、清沢本人の思想信条に合致するかどうかを見極めるうえでの、一つの指標となると考えてよいのではないか。(8)

ところで、ここでいう「他人ノ云為ニ干渉」するような表現のしかた、他人に強いて勧めるがごとき口調というのは、具体的にはどういった語り口なのか。

『精神界』一―七収録の「実力あるものの態度」と題された講話文の最終段落に、「私共は、如来に頼りて、実力を備へ、世に処しては、実力ある者の態度を取り、外物の為めに擾乱せられず、自分に反対する人を愛憐して行くやうに心懸けてはどうであろうか」といった言い回しが見える。この一文が暁烏による「成文」であることはわかっているのだが、実は明治三十二年の六月から翌年の春頃にかけて清沢が書き下ろしている「有限無限録」のなかにも、ここでの主張内容と重なる記述を確認することができる。そのなかで清沢は、人生を角力場《すもうば》に喩え、自分よりも力の強い者と角力を取ることにこそ、力士の本領があると論じている。まさに、「実力あるものの態度」について論じたものだが、そこには「他人に強いてかうせよと勧める」ような語り口は、一切認められない。その点では、暁烏「成文」の「実力あるものの態度」が読者に与える印象とは、かなり違ったものになっているといえる。

清沢にとって宗教的信念というのは、どこまでも自身の内観を通じて獲得されるものでなければならなかった。特に『精神界』という言論の場を得たことで、自らの思想を天下に知らしめようと意気込む浩々洞の若人にとって何よりも大事なのは、まず自らの信を確立させることだということは、清沢が常々彼らに言って聞かせていたことだったはずである。[9] そのことは、「化地の道に急いではならぬ」ということを清沢が浩々洞の門人に対してたびたび戒めていたとか、「今日の仏教が滅びているのは、坊主が説教するからであって、『君達も説教するな』」[10] などと語っていたとされることからも明らかであろう。そうである以上、自身の書く文章が門人たちの悪い手本とならないためにも、清沢が強請的な語り口を慎重に避けてきたことは、想像に難くない。

(ホ) 恩寵主義的思想傾向

第五のチェックポイントは、恩寵主義的な思想傾向が確認できるかどうかにある。

三羽烏のうちでも、とりわけ暁烏敏と多田鼎の二人については、恩寵主義的思想傾向が顕著であったといわれている。[11] 暁烏のケースでいえば、彼は大正二年の二月に最愛の妻に先立たれるという不幸を経験している。暁烏の述懐によれば、この不幸な出来事を機に坂道を転がるように一気に「凋落」の道を辿ったと同時に、それまで抱いてきた「都合のよい仏陀の恩寵」も消え去っていったというのである。[12] さらに多田鼎も、同じ頃に自身の恩寵主義的信仰に行き詰まり、それまでの信仰のありように「動転」を来たすという経験をしている。[13] このことは、要するに、清沢亡き後の十年間に、『精神界』の思想が彼らに代表されるような恩寵主義の思想に染め上げられていった、まさにその頂点において、相次いで「凋落」や信仰の「動転」が身をもって経験されたことで、彼らにとって都合のよい「恩寵主義」が崩壊せざるを得なかったということを意味している。

ところで、安藤州一の証言によれば、恩寵主義的な思想傾向を顕著に示す暁烏や多田と、彼らの「言語や文章が悉く説法の態度」であることを嫌った佐々木月樵との間に信仰問題が表面化するようになったのは、浩々洞が本郷曙町に移転した頃のこと、すなわち清沢が大学の学監を辞して自坊に引き上げてすぐの、明治三十五年末頃のことであったとされる。[14] だとするなら、清沢の死後十年間に徐々に恩寵主義が芽生え形づくられていったとする見かたは必ずしも正しくないということになるが、それはさて措き、ここで安藤は彼らの「人に言ふて聞かせる」「説法者の態度」は、学問的・思想的探求態度の欠如に由来するものであったと厳しく指弾している。つまり彼ら二人には、佐々木のような学問的な堅実さがなかったために、道徳と宗教の二元論を調和させることができず、結局のところ恩寵主義の一元論に逃れるしかなかったというのである。[15]

少なくとも、のちになって暁烏や多田自身が認めてもいるように、清沢の「精神主義」は「都合のよい仏陀の恩寵」とは無縁であったという点において、清沢本来の思想が恩寵主義的思想傾向を免れていたことは間違いない。

二　各論の分析および考察

以上、ひとまず便宜的に設定された五つの視点から、従来、清沢の思想として理解されてきた諸論文に分析を試みることで、どういった文体的・思想的傾向が浮かび上がってくるであろうか。

以下では、『岩波版全集』Ⅵに「雑誌『精神界』所収論文」として収められている文章のいくつかについて、これら五つの視点を中心に、詳細な検討を加えていくことにしたい。

そこで、具体的な検討に入るにあたり、まずは自筆原稿の確認できる「絶対他力の大道」「他力の救済」「我信念」の三本から見ていくことにしたい（〈検証一〉）。『精神界』に掲載されるにあたって、これら三つの文章にどのような編集の跡が見られるかをはじめに確認しておくことは、これら以外の、自筆原稿が残っていない諸々の文章に対する『精神界』の編集方針や編集意図を分析する際の試金石となることが期待されるからである。

＊

なお、巻号の後の括弧内の氏名は、記名者及び成文者（編集担当者）を示している。

〈検証一〉

「精神界」欄「絶対他力の大道」二巻六号（多田鼎編集）

「絶対他力の大道」というタイトルで発表されているこの一文は、主として明治三十一年八月十五日から翌年の四月五日の間に記された清沢の日記から抜粋された言葉を集めて編まれたものである。この一文を編集したのは多田鼎とされるが、「絶対他力の大道」というタイトルも、おそらく彼によって付けられたものであろう。ちなみに、清沢によって書かれている膨大な量の文章のなかで、「絶対他力」という言葉遣いが見られるのは、この一文のなかだけである。

多田により編集された「絶対他力の大道」は、全部での七つの節からなっている。ここでは各節ごとに、もともとの日記とは異なる記述の見られる箇所のうちでも、特に編集者の思想的な意図が読み取れるような箇所を中心に考察を進めていきたい。

［第一節］

第一節に見られる文言の修正・書き換え箇所で思想的問題が指摘できそうな箇所は、おおむね以下に挙げる五ヵ所である。

一つめは、「此境遇ニ落在セルモノ」が「此現前の境遇に落在せるもの」に、表現が変えられている箇所である。原文には「現前の」という言葉はなかったわけだが、「此境遇」のままでは何か不都合でもあったのだろうか。強いていえば、「現前の」という言葉が挟まれることで、いまここでの救いということが強調される結果となっているということはいえるかもしれない。考えてみれば、多田の主張する「恩寵主義」の一つの傾向は、自己のもつ罪業性や救われがたさという側面よりは、いまここでの救いの成就ということが強調されすぎるという点にある。だとすれば、「現前の」という言葉がここに挿し挟まれている背景には、あるいは浄土の教えの救いに対する多田の楽天的な思想の反映があると考えられはしないだろうか。

二つめに挙げられるのは、原文で「如何ニ況ンヤ此ヨリ而下ナル事件ニ於テオヤ」となっていたのが、「如何に況んや之より而下なる事項に於いてをや」と、「事件」が「事項」に書き換えられている箇所である。しかしながらここでの多田の書き換え意図を正確に推し量ることは難しい。何故に「事件」ではなく「事項」でなければならなかったのか。少なくともいえるのは、もし多田に忠実に清沢の思想を再現しようとする意識があったならば、この種の書き換えは、極力避けるべきだったということではないだろうか。

三つめは、日記の原文で「誹謗擯斥許多ノ凌辱豈ニ意ニ介スベキモノアランヤ　否之ヲ憂フルト雖トモ之ヲ意ニ介スト雖トモ吾人ハ之ヲ如何トモスル能ハサルナリ　我人ハ寧ロ只管絶対無限ノ吾人ニ賦与セルモノヲ楽マンカナ」となっていたものが、「否之ヲ憂フルト雖トモ（中略）能ハサルナリ」の一文が丸々削除されてしまっている箇所である。日記の原文では、いくら「絶対無限ニ乗托」したからとはいえ、「誹謗擯斥許多ノ凌辱」をまったく「意ニ介」さないでいられるような境地が獲得されるわけではないということが述べられていると理解できるが、この一文が丸々削除されてしまったことで、この件《くだり》はまさに恩寵主義的な思想そのものに変えられてしまっている。これはきわめて由々しき問題であろう。

四つめの変更点に関しては、以降一貫して見られるものなのでいちいちとりあげることはしないが、編集に際して「吾人」(「我人」)[16]という表現は、すべて「我等」に書き直されている。これも、本来、清沢の思想を忠実に伝えるという意味では、余計な作業であるように思えてしまう。ただ、そこには多田なりの思いがあったのであろう。これは、あくまで推測の域を出ないことだが、あるいは明治の生まれで、まだ二十代半ばであった多田のような若者には、「吾人」という言葉は、清新な思想を語るには堅苦しく古臭いものと感じられたのかもしれない。同時に、単数にも複数にも受け取れる「吾人」という表現が敬遠された理由としては、師と自身の思想の間に隔たりのあることを認めたくないといった心理、言い換えれば、自分自身、つねに清沢を囲む思想共同体のなかにあると感じていたかった、浩々洞同人としての自我意識がはたらいたとも推測されるのではないだろうか。確かに「我等」が使われる場合には、「吾人」よりも思想・信仰の共同体としての一体感がより生じやすい。このことは、次に見る「他力の救済」のなかで、「我をして」が「我等をして」というふうに、あえて一人称複数に書き換えられていることからしても、ある程度、察しがつく。

五つめは、書き換えに伴う問題ではなく、言葉の恣意的な抜粋のされかたに関する問題である。「絶対他力の大道」の第一節は、「我等は寧ろ只管、絶対無限の我等に賦与せるものを楽まんかな」という言葉で閉じられているけれども、清沢の日記では、この言葉に引き続いて「絶対吾人ニ賦与スルニ善悪ノ観念ヲ以テシ避悪就善ノ意志ヲ以テス」「吾人ノ自覚ハ避悪就善ノ天意ヲ感ス」と、順次、論が展開されていっている。つまり、清沢はここで「絶対無限ノ吾人ニ賦与セルモノヲ楽シマンカナ」と、絶対無限による救いの側面に言及するのと同時に、絶対無限から賦与された「善悪ノ観念」

「避悪就善ノ意志」こそが「道徳ノ源泉」であって、「吾人ハ喜ンテ此事ニ従ハン」と、どこまでも有限世界に身を置きつつ有限世界の善悪に関わりながら生きていく、という側面に言及することを忘れていないのである。よって、後半部の議論がまったく無視されてしまっているのは、あたかも単に絶対無限によって賦与された境遇をありがたがるだけの思想であるかのごとき誤った印象を与えかねない。その意味で、そこには清沢の思想的真価を左右しかねない重大な問題が指摘されなければならないのである。そこにもまた「否之ヲ憂フルト雖モ（中略）能ハサルナリ」という一文の削除と同じ思想的意図をうかがうことができるであろう。

［第二節］

第二節で、特に思想的に問題にしたい箇所は二ヵ所である。

一つめは「苟モ智ト感トヲ具備スル霊物ニシテ」とあったものが、「霊物」という言葉が削除されて、「苟も智と感とを具備して」とされている箇所である。なぜ、多田は「霊物」という言葉を不要と判断したのだろうか。「霊物」というのは、いかにも清沢らしい表現であり、宗教を哲学として語ろうと努めた文学士清沢の面目躍如たるところがある。ただ、「どうかして先生を真宗の安心を味はふて貰うように導かねばならぬ」と考えていた多田には、哲学者風な語り口や仏教以外の宗教を連想させるような言葉遣いは、できることなら避けたいという思いがあったということは容易に想像できよう。そのような意識は、第四節でも見るように、「天」とか「天命」といった表現が、すべて「如来」や「如来の大命」という言葉に置き換えられているあたりにも見え隠れしているように思われる。

しかしながら、そうした編集方針はいうまでもなく清沢の目指そうとした方向性に反するものであった。清沢自身は、どこまでも真宗他力の信仰者であった。にもかかわらず、自身の信仰や思想を、仏教（他力門）思想の文脈のなかだけで語ることを決してよしとせず、極力一般に通用する用語を用いて自身の思想を闡明することに努めていたと考えられるからである。

二つめは、もともと「皆悉ク彼ノ」と表現されていたのが、「皆彼の」と簡略化されてしまっている箇所である。どうしてここで「悉ク」という言葉が削除されてしまったのだろうか。編集過程での単純な見落としにすぎないのだろうか。ただ、「悉ク」という副詞があることで、「一大不可思議力ノ発動」がこの私を含むすべてのものに、例外なく、あまねく行き渡っているという理解が強く打ち出されてくることは明らかである。第一節では、「現前ノ」という言葉が加筆・挿入されていたわけだが、そのことと「悉ク」の削除との間には、いったいどのような共通意図を読み取ることができるだろうか。そこには、あるいは案外厄介な思想的問題を指摘し得るかもしれないが、ここではこれ以上踏み込むことは難しい。

［第三節］

この節で特に触れておきたいのは、「喜悲」が「悲喜」に変えられていること、および日記の原文で括弧書きで述べられている記述箇所が「絶対他力の大道」にはまったく反映されていないということの二点である。

「喜悲」から「悲喜」への書き換えについては、さほど深い思想的意図は感じられない。だとすれば、わざわざ書き換える必要はなかったようにも感じられるが、強いて解釈すれば、生と死とについて、清沢は前者を「喜」、後者を「悲」と捉えようとしているのに対し、多田は前者を「悲」、後者を

「喜」と捉えたかったということなのかもしれない。無論、単に「悲喜」のほうが人口に膾炙した表現であるという判断で、このような書き換えがなされたということも考えられはする。

それから、二点めについてだが、第三節の素材となった日記の原文には、都合三ヵ所に「(正反対ノモノヲ並有スルハ大矛盾ナリ)」「(是レ死生ヲ外ニスル云々ノ根基也)」「(而シテ生死ハ只吾人以外ノ身体ニ関スルモノナリ)」という、括弧つきのコメントが認められる。ところがこの一文の編集に際して、多田はこれらの記述を文中に一切反映させていない。これはいったいどういうことか。

これらのコメントには、哲学思想的に、かなり深い意味がありそうなことは誰の目にも明らかだが、確実にいえるのは、かねてより多田や暁烏が、清沢に哲学的な語りをやめてほしいと強く希望していたということである。そうでなくても、若い彼らには、清沢の深い哲学的営為の意義を理解するに足るだけの思想は、まだ十分に育ってはいなかったと考えられる。それゆえ多田は、このような難解なコメントが読む人をいたずらに混乱させると判断したのかもしれない。結果的には、これらの哲学的コメントが削除されたおかげで、文章として格段に読みやすいものになっていることは否定できない。

［第四節］

第四節から第六節は、明治三十二年二月二十五日に記された「偶坐案定」からの抜粋である。「偶坐案定」は、日記というよりも、むしろ頭に浮かんだ思索を書き留めた随想的性格をもつもので、全部で二十四の節からなっている。ここで取りあげる第四節の言葉は、「偶坐案定」第二節より抜粋・編集されたものである。

第四節には、これまでの節に比べて編集者の思想的意図がより明瞭にあらわれているといえる。この節で問題となる書き換え箇所はいくつもあるが、それらはすべて同じ意図によってなされていると考えられるので、基本的には一つの問題として取り扱うことができる。具体的には、「天汝ガ為ニ」が「如来は、爾が為に」に、「天命以外ニ満足ヲ得ル」が「此以外に満足を得る」に、また「天命ニ安ンズ」「天命ヲ侮辱セントスル」「天命ハ侮辱ヲ受クルコトナキモ」という表現にあった「天命」という言葉が、「如来の大命」などに書き換えられていたりするあたりなのだが、そこには思想的見地から重大な意義が指摘できる。

先述のように、清沢が立脚していたのは、あくまでも真宗他力門の立場であった。けれども、彼が宗教を語る際には、頑なに仏教の、とりわけ浄土教の手垢にまみれた用語の使用を避けてきたのである。[17]「絶対無限」とか「天」とかと表現されているものは、彼にとっての「如来」とほとんど同一視されてよいものだが、彼はあくまでも普遍的に、仏教の文脈に偏ることなく宗教思想の構造本質を明らかにしようと努めたのであって、そうした姿勢は、最晩年に至るまで一貫して保たれていたように見受けられる。したがって意図的に「天」と表現されているものを、一律に「如来」に変換してしまうようなやりかたはもってのほかで、清沢の大事な思想的スタンスを台無しにしてしまう行為であるといっても過言ではない。

［第五節］

第五節も、同じく「偶坐案定」からの抜粋である。

「絶対他力の大道」では、この節の書き出しの言葉は「無限他力、何れの処にか在る」となっている。けれども、もとの「偶坐案定」を見ると、この箇所は「天道何レノ処ニカ在ル」と表記されており、「天道」という語の右横に小さく「他力」と記入があることがわかる。つまりここで多田は、「天道」のかわりに右横に書かれていた「他力」という表現を採用したうえで、そこにさらに「無限」という言葉を補っているのである。

「天道」は、清沢の受け止めにおいても「他力」にほかならなかったはずだが、公開を前提としていない日記でさえ、あからさまな真宗用語の使用は避けていることがわかる。そのことがもつ意義は過小評価されるべきではない。にもかかわらず、多田は、ここで清沢の意図を無視するような書き換えをあえて行っているように見える。これほどまでに徹底して、清沢に真宗の文脈で思想を語らせようとする多田のねらいは何なのか。そうした徹底ぶりを見るにつけ、思い起こされるのは、上京以前に暁烏らとひそかに語り合っていたとされるあの言葉である。清沢にも真宗の宗乗を味わってもらいたいという彼らの当初の目論見は、こうした編集作業などを通して、着々と進められていたと理解されるのである。

この節では、ほかにも「天恩ヲ感謝セヨ」が、「如来の大恩を感謝せよ」に書き換えられていたりするが、そこにも同様の意識がはたらいているものと想像される。

［第六節］

引き続き「偶坐案定」からの抜粋であるが、この節で特に注目される箇所は全部で四ヵ所である。清沢は最晩年に至るまで、自己の省察ということを執拗に主張し続けている。にもかかわらず、ここでは「自己ヲ省察シテ天道ヲ知見スベシ」が、「大道を知見すべし」と、至ってシンプルな表現に書き換えられてしまっている。これが一つめの問題箇所である。好意的に見るならば、すぐ直前で

「須ク自己ヲ省察スベシ」と述べられていることから、表現上の重複を避けたものと解釈できなくもない。しかし清沢にとっては、自己省察の道こそ、「天道」＝絶対無限を知見する唯一の通路として押さえられていたのである。その意味で、ここにある「自己省察」という言葉には尽きせぬ思いが込められていたものと解釈できる。よって、多田がこの言葉を意図的に割愛したとすれば、やはり不用意な行為であったといわざるを得ない。

次に、「天下之ヨリ強勝ナルモノナシ　之ヨリ広大ナルモノナシ」となっていたものが、「天下、何の処にか之より強勝なるものあらんや、何の処にか之より広大なるものあらんや」と表現が変えられている箇所も注目される。編集後の文章には、「〜あらんや」と、いわゆる反語表現が用いられていて、原文以上に読み手の心に訴えかける力をもつ表現となっている。だがしかし、そうした情動性もまた、清沢の好むところではなかったはずである。そもそも、原文の表現を変更してまで読み手の情感に訴えかける必要が、いったいどこにあったのか。この書き換えも、清沢の意に沿ったものとは言い難い。

第三のポイントは、「妄念妄想ハ之ヲ退治セザル可カラズ」が、「妄念妄想は、之を除却せさるへからず」と、「退治」が「除却」に変えられている点である。清沢は、「妄念妄想」というのは、ある程度までは修養によって「退治」することが可能だとしても、完全には「除却」し得るものでないという趣旨のことを、「我信念」の自筆原稿や、次に見る「他力の救済」の原文のなかでも繰り返し主張している。

いうまでもなく人間は、どこまでも有限な存在である。そうである以上、無限に接することは不可能でないにしても、有限な境遇を脱して、現実の世界で「妄念妄想」を「除却」することは、実質的には不可能だといわざるを得ない。だからもしも「妄念妄想」の「除却」が可能だとするなら、無限の未来において、無限の側からもたらされる無限の功徳の力によるしかないというのが、宗教哲学期以来一貫した清沢の思想スタンスであり、主張であったと考えられる。ここで清沢がわざわざ「退治」という言葉を選んだのは、「不断煩悩得涅槃」を主張する親鸞の思想に寄り添ったからだとも考えられるが、それを「除却」に書き換えてしまったのは、多田の勇み足というよりほかないであろう。

さらにいえば、「偶坐案定」で、「自己ヲ知ルモノハ勇猛精進　独立自由ノ大義ヲ発揚スベキナリ」とされていたのが、「かくして始めて人界に在りて、独立自由の大義を発揚し得べきなり」と、表現が大きく変えられているのも問題である。これは、「独立自由ノ大義ヲ発揚スベキナリ」という言葉の左隣に、小さな文字で記されていた「人界ノ独立ナリ天道へ対シテ独立ナルニアラズ」という書き込みが反映されてのものであろうが、多田はそれを「かくして始めて人界に在りて」と作文し直したうえで、直前にあった「自己ヲ知ルモノハ勇猛精進」という言葉を意図的に削除している。

自己を知って、どこまでも「人界」に身を置きつつ「独立自由の大義を発揚する」というのは、「人界」においてつねに「勇猛精進」する姿勢を失わない、という意味にほかならない。実際、晩年の清沢にとって「倫理」というテーマは、「宗教」ということとともに重要な課題として位置づけられていた。しかるに、編集後の文章では、宗教に立脚しつつも、現実の「人界」に有限の身のまま知をはたらかせつつ生きていこうとする姿勢が後景に霞んでしまっている。そのため、ここでの主張は多田らの恩寵主義に近いかたちに換骨奪胎された思想としてしか理解できないものになってしまっているといっていい。

［第七節］

最終節の第七節は、日記の「随想」からの引用である。大きく見てここでの注目箇所は以下の三つに絞られる。

一つめは、「給与スベシ」という表現が、「給与せよ」とされている箇所である。一見、この書き換えに特別深い意味はなさそうに感じられる。だが、そこには微妙ではあるが大きな意味の違いを指摘することができるのではないだろうか。「給与せよ」では、命令の意味にしかとることができないのに対して、「給与スベシ」の場合には「命令」の意味だけでなく、論理的にそうだという、「当然」の意味にも解することが可能である。要するに、原文では、清沢のモノローグとしてこの言葉が発せられているとも理解できるのに対して、編集後の文章では明らかに命令を受ける他者が想定された語り口となっているということである。そのような「他人ノ云為ニ干渉」するがごとき説法者の口ぶりを清沢が嫌っていたことは、すでに指摘した通りである。

また「天道ノ大命」が「絶対他力の大道」に置き換えられている箇所も無視できない。浄土思想の文脈に無理に引きつけているという問題を指摘し得るからである。ところが、すぐ後に出てくる「天（人ノ慈愛ヲ用テ）彼等ヲ被養シキ」という原文の表現に関しては、「天、人の慈愛を用て、彼等を被養しき」と丸括弧が外されただけで、「天」は「天」のまま変えられていない。この箇所は、ギリシャの哲人ソクラテスの談話として紹介されている箇所なので、「天」を「如来」とか「他力」とかに置き換えるのは、むしろ不適切であると判断したためであろう。ただ、ここで清沢は、洋の東西を問わず、一貫して「天」という概念を用いて思想を紡ごうと努めているわけで、多田は編集にあたって、そのあたりの意図を的確に汲む必要があったことはいうまでもない。

＊

「絶対他力の大道」に見受けられる編集上の諸問題を総括すれば、「省察」や「勇猛精進」といった自力的な色彩を帯びた思想的側面が軽んじられていることと相俟って、情動的かつ恩寵主義的な傾向が強調される結果を招いているということ、さらには、「天道」が「如来の大道」に書き換えられるなど、仏教的・浄土教的な思想文脈への過剰な引きつけが認められる点で、編集者である多田の思惑が相当程度反映されていることは否めない。加来雄之の言葉を借りれば、要するに多田は『臘扇記』の「満之の喘ぐような歩み」の「その修養の記録の中から他力を讃嘆するという信仰の花だけを摘み取った」[18]にすぎないということなのかもしれない。

ここで議論の俎上に上げた事柄は、あくまで清沢満之と『精神界』との関わりについて考える手がかりのうちのごく一部にすぎない。しかし、このことから見えてくるのは、編集の過程を経て『精神界』に収められたいずれの文章にも、多少なりともそれに携わった門人の思想が紛れ込んでしまっている可能性があることは否定できないということではないだろうか[19]。つまり、最低限、そのことを念頭に置いたうえで、『精神界』に清沢のものとして発表されている清沢の諸論文に接していかなければならないということなのである。

「精神界」欄「他力の救済」三巻六号

この文章は、明治三十六年四月一日に真宗大学で開かれた「親鸞聖人御誕生会」の祝辞として書かれたものが、『精神界』三―六に載録されたものである。この短い文章にも、『精神界』への載録にあたっての書き換えや、文言の削除の形跡が随所に認められるが、紙幅の都合上、ここでも思想的意義が指摘できそうな箇所に絞って考察を進めていくことにしたい。なお、この一文の編集・校正を誰が担当したかについては、はっきりしたことはわかっていない。ただ、曾我量深はのちの回想のなかで、親鸞聖人御誕生会のために書き送られたこの祝辞が、卒業生である暁烏敏によって読み上げられたと証言している。このことは、暁烏がこの祝辞に彼なりに思想的意義を見出していたことをうかがわせる。

さて『精神界』で発表されているものと、原文とを見比べるとき、第一に目を引くのは、「我が処する所に光明照し」が、「我か処するところに光明輝き」に書き換えられている箇所である。この書き換えは、何らかの強い意図でなされているものと想像されるが、真意を推し量ることはそれほど容易ではないかもしれない。

「光明照し」という表現が喚起するのは、如来の光明が「我が処する所」を照らすと同時に、その光明に包まれた「我」をも照らし出していくありさま、『臘扇記』の言葉を借りれば、「絶対無限に乗托」した「自己」のイメージそのものであろう。一方、「光明輝き」では、ともすれば光明の輝きが、「我」と「我が処する所」の外部の輝きとして捉えられてしまう可能性がある。もしそうだとすれば、「絶対無限に乗托」した自己のイメージとは、いささかかけ離れたものになってきてしまうように思われる。別言すれば、「光明輝き」の場合だと、自己自身と自己の置かれた境遇とに、同時に如来の光明が差し込んでそれらを平等に包み照らし出すといった感覚ではなく、むしろどこか暗愚な自己の境遇を超えたところに燦然と輝く如来の世界があるかのようなイメージを抱かせてしまうということである。

対照的に、「生ノミガ吾人ニアラス、死モ亦吾人ナリ」が「生のみが我等にあらず、死も亦、我等なり」とされているような「我」から「我等」への書き換えについては、編集者の意図を読み取るのはさほど難しくはない。すでに見てきたように「絶対他力の大道」では、「我」はすべて「我等」に書き換えられてしまっているわけだが、清沢の文章では、ほとんどの場合で「吾人」が使用され、そうでない場合でも、たとえば次にとりあげる「我信念」においてそうであるように、信念のありようが語られる際には、どこまでも「我」一人称単数の信念として語られてくる。つまり、清沢にとって信念とは、あくまでも「我」一人の問題であったのであって、「我等」の信念としては語り得ないものと押さえられていたと考えられるのである。

また、「悟達安楽の浄土に入らしむるが如し」が「悟道安楽の浄土に入らしむ」に書き換えられている箇所にも、何かしらの深い意図を感じずにはいられない。「悟達」と「悟道」の違いもさることながら、「入らしむるが如し」から「入らしむ」への書き換えには、決定的な問題が指摘できるであろう。

ここで清沢が論じようとしているのは、「他力救済の念」が「我等」を安楽の浄土に「入らしむ」ということではなく、あくまでも一人称単数としての「我」を安楽の浄土に「入らしむるが如」く作用するということ、端的にいってしまえば「他力救済の念」を獲得しさえすればすぐさま安楽の浄土に入ることができるという理解は、自分にはないということであろう。そこには、有限な存在として、事実、妄念の闇を背負っているこの「我」が現実世界をどのように生きていくかといった課題を見据える眼差しが、しっかりと保持されているものと考えられる。

同様の発想は、直後に続く「我は実に此念により現に救済されつつあるを感ず、若し世に他力救済の教なかせば《(ママ)》、我は終に迷乱と悶絶とを免かれさるべし」という言葉が、「我は実にこの念によりて救済されつつあり。若し世に他力救済の教なかりせは、我は終に迷乱と悶絶とを免かれさりしならむ」に変えられているあたりにも垣間見ることができる。

このなかで注目すべきは二ヵ所で、そのうちの一つは、「現に救済されつつあるを感ず」といった、いささか歯切れの悪い言い回しが、「救済されつつあり」とすっきりとした表現に変えられていることにある。原文では、「現に」と、この現実世界においてすでに救いが実現されていることが示唆される一方で、「救済されつつあるを感ず」と、その救いが一点の曇りのないままに実現されているような救いでないことも示唆されている。実にアンビバレントな言い回しといえるが、その分、より深く自己のありようを見つめようとする眼《まなこ》が保たれている表現ともいえる。他方、「救済されつつあり」という表現には、そうした微妙なニュアンスがきれいに捨象されてしまっている感が拭えない。そのため、読む者にいささか楽天的な救済感であるといった印象を与えてしまう可能性が出てきてしまうことが危惧される。

第二の注目点は、原文の「免かれさるべし」が、編集後に「免かれさりしならむ」とされている箇所である。原文を素直に読むなら、もしも「他力救済の教」というものがなかったならば、自分はきっと「迷乱」や「悶絶」を免れないはずだと、あくまでも現在のこととして語られているものと理解すべきである。ところが、編集後の文章では、「免かれさりしならむ」と、過去のこととして語り直されている。つまり、そこでは現在の境遇において、自分は「迷乱」や「悶絶」をすっかり免れているということが含意されるかたちとなっているのである。

このあたりは、思想的にきわめて微妙な問題を含んでいるといえよう。そのことは、自筆原稿の別の箇所に清沢本人による次のような修正跡が認められることにもあらわれている。それは、「我他力の救済を念するときは、我物欲の為に迷さるることなく」と書いていたのを、清沢自ら「迷さるること少く」と、言葉を修正している箇所である。このことからも、清沢にとって迷乱や悶絶、迷いは、いくら他力の救済を念じたからといって、「少く」なることはあっても、断じて「なく」なりはしないものとして捉えられていたことがわかる。

要するに、原文では、他力救済のはたらきは「迷倒苦悶の娑婆」を生きつつある現在の有限な自己のありようを離れたものとしては決して捉えられていないのに対して、編集を経た後の文章では、他力救済のはたらきは、あたかもすべての「迷乱」や「悶絶」を免れたありようとして、その利益・功徳を私たちにもたらしてくれるものであるかのような、いわば一元論的恩寵主義への傾きがはっきり見てとれるのである。

「講話」欄「我信念」三巻六号（清沢満之）

清沢は、絶筆となったこの講話文の原稿を、明治三十六年五月三十日の夜に浩々洞の暁烏宛で郵送している。彼が死去したのはそれから一週間後の六月六日のことである。この清沢最後の講話文は、明治三十六年五月発行の『精神界』三―五の「講話」欄に掲載された「宗教的道徳（俗諦）と普通道徳との交渉」が「俗諦義」について論じたものであるのに対し、自身の実感の極致を明らかにすべく「真諦義」を論じたものとされる。つまり、これら二つの講話文は一連の遺言のようなものとして意味づけられていると解釈できるのである。

「宗教的道徳（俗諦）と普通道徳との交渉」については後でも詳しく論じるが、この一文は『精神界』での暁烏の発言が巻き起こした論争への、清沢自身による最終的な応答であったと考えられる。それはある意味、宗教と道徳との関係をめぐる論争に手を焼いていた門人らに差し伸べられた、最後の救いの手であったといっていいかもしれない。

では、この講話と一対をなしていると考えられる「我信念」は、目前の死を覚悟した清沢が、真諦義として、自身の宗教的実感の極致を門人たちに語っておきたいという強い思いから執筆されたものと理解してよいのだろうか。もちろん、そうした面がなかったとはいいきれまい。ただ、これまでまったく目を向けられてこなかったことなのだが、『精神界』三―四の「報道」欄に掲載された、「我信念の告白」と題された短文が、「我信念」の執筆を思い立たせる一つの契機となった可能性は、十分にあり得るように思われる。

この「報道」欄の短い一文は、「あきら生」と名のる人物によって投稿されたもので、文章の末尾には「明治三十六年三月二十八日、東京牛込にて」とある。「あきら生」と名のる人物が誰なのか、『精神界』の一読者なのか、それとも浩々洞の活動と前々から深い関わりをもつ人物なのかについては定かではない。だが、このことから少なくとも当時、浩々洞の周辺では「我信念」というテーマに対する関心が共有されていたことはわかる。

ところで、この「我信念の告白」と題された一文が、次の言葉で書き出されていることは注目に値する。

吾れは何故に宗教を信ずるや、吾れは亦何故に仏を尊むや、自ら問ひて而も確実なる答を与ふる能はず。又人に問はれて何々の理由ありと確明する能はず。宗教は自覚なり、宗教は天来なり、自覚そのものには他人の一指をも加ふる可からざるところ。花を美しと見たるに、何故にと問ふの権利なきが如く、宗教の信仰をただ「有りがたし」と言ふの外、何等の弁辞をも有せず。他人は之れを見て迷信と嘲らん。さなり、迷信の二字、吾等は甘んじて之を享受せんかな。

このように書き出されている「我信念の告白」が、如来他力の恩寵に酔うだけの思想に収斂していくことは容易く想像できよう。自らの自覚、己の宗教の信仰は、たとえ他人がそれを「迷信」と嘲笑しようが、ただ「有りがたし」ということのほかに「何等の弁辞」もない。そうした我の信念においては、他人に対して「何々の理由ありと確明する」ことなどできないし、その必要もないというのが、この短文における主張の趣意である。

この一本の投稿文が、あるいは清沢が「我は此の如く如来を信ず（我信念）」の執筆を思い立つ一つのきっかけとなったのではと想像される理由は、ここで「あきら生」によって提示されている信念をめぐる諸問題に、清沢は「我信念」で彼なりの視点から問題を再整理したうえで、自らの信念のありようを三つの観点から懇切丁寧に答えているように読めることにある。清沢が提示する三つの観点とは、約《つづ》めていえば、一つに、なぜ自分は如来を信じるのか、そしてそれにはどんな効能があるのか、二つに、如来を信じるのに、効能ということ以外にどんな根拠があるのか、三つに、自己の信念とはどんなものか、というものなのだが、そこに「あきら生」が投げかけた信念をめぐる諸問題に対する清沢からの応答があるという見かたが成り立つ余地は、十二分にあるのではないだろうか。

また、これとは別に以下の事実も指摘できる。それは、「我信念」が執筆される約一年前の明治三十五年六月二十二日の「日曜講演」で、「我が現在の信念」という講題で講演が行われているという事実である。[20] この講演を行ったのは暁烏敏だが、この日の「日曜講演」では、清沢も演壇に立っており、暁烏の講演を直《じか》に聞いていたはずである。このように、浩々洞の周辺では、常日頃から「我信念」ということをめぐり議論が絶えなかったことがわかるわけだが、「我信念」執筆の背景には、読者や浩々洞の門人たちが投げかけるテーマに、自分なりの答えを示して世を去りたいという思いがあったのではないかというのは、あながち見当外れな推測ではないであろう。

＊

『精神界』掲載の「我信念」と、自筆原稿（「我は此の如く如来を信ず（我信念）」）とを見比べてわかるのは、文言の書き換え箇所は、「絶対他力の大道」や「他力の救済」と比較して決して多くないということである。絶筆となったこの一文の編集を担当したのは、暁烏敏、もしくは佐々木月樵だと考えられるが、[21] ともあれここでも、原文との異同が認められる箇所のうちでも、特に思想的に注目される箇所だけに絞って、そこから浮かび上がる思想的意図や問題点などを析出してみたい。

まず注目されるのは、第一段落の文末表現である。自筆原稿で「私の信する如来とは如何なるものであるか、之を少しく開陳しませう」となっているのが、「私の信する如来とは如何なるものであるか、今少しく開陳しやうと思ひます」と、表現に若干手が加えられている。このように表現を変えてみたところで、文意が別段変わるわけでもないのに、何故に書き換える必要があったのか。一見、思想的に深い意味があるようには思えない。だがこのことは、『精神界』の編集姿勢をうかがわせるという意味では興味深い。考えられるとすれば、清沢の硬くなりがちな表現を、せめて書き出しの部分だけでも、講話らしくソフトなものにしたいという意識がはたらいたということではないだろうか。このことは、講話文に限って、しかも最初の段落や最終の段落だけに、唐突に「です」「ます」調混じりの文章が登場する例が多く見られるということとも関連がありそうである。とはいうものの、ここで編集者の真意を推し量るのはそれほど容易なことではあるまい。

思想的な意義がよりはっきりと指摘できるとすれば、次に挙げる三ヵ所の書き換え、文言の付加箇所であろう。そのうちの一つについては、本書の「はじめに」ですでに触れた。原文で「人智は有限である不完全であると云ひながら、其有限不完全なる人智を以て、完全なる標準や、無限なる実在を研究せんとする迷妄を脱却し難いことである」となっていたものが、「私も以前には有限である不完全であると云ひながら、其有限不完全なる人智を以て、完全なる標準や、無限なる実在を研究せんとする迷妄を脱却し難いことである」と、文頭に、もともとなかった文言の挿入が認められる箇所である。

原稿用紙に毛筆で記された原文を注意深く観察すると、この箇所には、一見、「私も以前には」という言葉を「有限である不完全である」の前に挿入せよという指示にも映る、清沢自身による書き込みが認められる。よって、ここでのこの言葉の挿入は、必ずしも意図的なものではなかったのかもしれない。とはいえ、この言葉の挿入のあるなしによって、清沢晩年の思想の捉えかたが一八〇度変わってきてしまう可能性があることを踏まえれば、単なるケアレスミスでは済まされない大きな問題が孕まれていることはいうまでもない。

暁烏などは、ここで語られている思想について、たとえば「何事も小刀細工の理屈で決しようとする科学思想に対する鉄槌」であるとか、[22]「理論に凝り固まつてをられた先生が、これを迷妄となげ捨ててしまはれたのは非常な英断といはねばならぬ[23]」などと、非常な熱弁を振るっている。しかしながら原文では、「善悪の標準・真理の品階等の議論」が「凡て無用であつた」などとは、どこにも述べられていないのである。そのことは、同じ「我信念」の自筆原稿で、自分は「従来の慣習」によって、「研究だの考究だのと、色々無用の詮議に陥り易」く、「時には、有限麁造の思弁で、無限大悲の実在を論定せんと企つることすら起る」。だが、「信念の確立せる幸」には、「タトへ暫く此の如き迷妄に陥ることあるも、亦容易く其無謀なることを反省して、此の如き論議を抛擲することを得る」ことができる、[24]などと述べられていることとも矛盾しない。

二つめの注目箇所は、「私は此如来の威神力に乗托して大安楽と大平穏とを得ることである」が、「私は此如来の威神力に寄托して、大安楽と大平穏とを得ることである」に書き換えられている点である。「乗托して」が「寄托して」に変えられているにすぎないのだが、そこには清沢の意を正確に汲み取るうえで、ことのほか重大な問題が含まれているように思える。

「乗托」というのは、晩年の日記『臘扇記』にも見える表現で、自己という有限者が、絶対無限のうちに包まれながらも、なお固有の輪郭を失うことなく、自己という存在を絶対無限に委ねることを通して、かえって「任運ニ法爾ニ」、この世界を生きていくことを可能にしてくれるような、そのようなありようを表した重要な概念であると考えられる。そうした清沢ならではの自己の把捉のしかたには、たとえば長谷正當が、有限な自己が絶対無限に乗じて無限と一体となることで、業縁存在である自己に伸し掛かるところの重力が無化されるありさまを言い表したものにほかならないと押えたように、[25]思想的な見地からして、きわめて重要な意味が込められているものと考えられるのである。

しかるに、これが「寄托」と表現される場合はどうであろうか。そこに無限と一体でありつつも、有限者固有の輪郭を失わないであり続ける自己という存在のありようを見て取ることは難しくなってきてしまうのではないだろうか。そもそも有限存在に伸し掛かる重力を無化し取り除くことは、「寄托」することによってでは、ほぼ不可能であるといわざるを得ない。そこにはどうしても己の足場を絶対無限の外部に置きつつ、それに寄りかかるといった図式が成り立ってしまうからである。その場合には、絶対無限はあくまでも自己の外部の何かとして把握されてしまうことになってしまう。

原文で清沢が「寄托」という言葉を使っているのは、直後の、「私は私の死生の大事を此如来に寄托して、少しも不安や不平を感することがない」という文脈においてである。もちろん、この場合には「寄托」されるのは「私」ではなく、「私の死生の大事」なのだから、「乗托」ではなく「寄托」でなければならなかったであろう。これと同種の微妙な問題は、「他力の救済」で「我が処する所に光明照し」が「我か処するところに光明輝き」に書き換えられているあたりなどにも認めることができよう。

それと、最後に一言触れておかなければならないのは、『精神界』に掲載されている「我信念」には、清沢の文章に続いて、親鸞の『高僧和讃』にある「生死の苦海ほとりなし　ひさしく沈める我等をば　弥陀弘誓の船のみぞ　のせてかならず渡しける」という句が書き添えられているということについてである。

親鸞のこの一句が、清沢の原稿のどこにもない以上、編集の段階で付け加えられていることは明らかなのだが、読者にしてみれば、これが清沢本人によって付加されたものなのか、清沢の意志とは無関係に後から第三者によって書き加えられたものなのかは、まったく判断のしようがない。いずれにしてもこの句が「我信念」の読み手に与える影響《インパクト》のほどは無視できない。読者の多くが、あたかも清沢が親鸞聖人のこの句を念頭に置きながら「我信念」を書き上げたかのような印象をもったであろうことは想像に難くないからである。

その意味で、親鸞の和讃が文章の後に添えられていることとは、「我信念」の読まれるべき方向性を明らかに誘導しているといっていい。その方向性とは、いうまでもなく一元的恩寵主義の方向なのだが、そこには『精神界』の編集意図が、かなりの程度反映されていると考えられるのである。

＊

以上、清沢の自筆原稿とつき合わせて比較・検討が可能なものについては、『精神界』の編集方針や思想的意図を、かなりの程度浮き上がらせることが可能なのではないだろうか。

そこで次に、門人により「成文」されたことがわかっているものや、自筆原稿の存在しないいくつかのものについても、同様の編集方針や思想的意図が見て取れるのではないかといった視点から、さらに細かく検討を加えていくことにしたい〈**検証二**〉。

〈検証二〉

「精神界」欄「精神主義」一巻一号

「創刊の辞」に続いて、『精神界』創刊号の巻頭を飾る論文として発表されているのがこれである。創刊号に同タイトルで論文が発表されるに至った経緯については、先に紹介したように、清沢がテーマを随意に選んで筆を執ったというよりは、タイトルや内容のことも含めて門人たちの要請に応えるかたちで執筆したといったほうが的確であろう。浩々洞の門人たちと、表向きには主幹とされる清沢との間には、『精神界』創刊時から、終始、若い門人らがリードし、清沢がそれに応じるという関係があったものと想像される。ただ、この一文が清沢本人によって執筆されたことはほぼ間違いない。もっとも、その際にも自筆原稿が確認できるものにおいてさえそうであったように、思想の本質に関わるような箇所に、恣意的な改作がなされている可能性を、常時念頭に置いておく必要があることはいうまでもない。

この論文を、本章の最初に設定した五つの視点で眺めた場合、一つだけだが該当する要素が認められる。それは、「随其心浄則仏土浄」という『維摩経』からの引文が認められるという点である。とはいえ、『精神界』以前の著作にも、『維摩経』や『涅槃経』など、必ずしも浄土教には限定されない仏典からの引用であれば、時折、見られるのも事実で、『維摩経』からこの言葉が引かれてきているということは、それが清沢によって書かれたものであることをかえって強く印象づける。

この論文の中心テーマは、タイトルからもうかがえるように、「精神主義」とは何か、ということである。そのなかで清沢は、有限な精神が「絶対無限者」に接することで、「処世に於ける完全なる立脚地」を獲得し、さらにそうした精神の立脚地を得ることのできた「吾人精神」をどこまでも発展させていくことで、絶対無限の理想に近づいていくような「条路」こそが「精神主義」であると説明している。約めていえば、「精神主義」というのは、第一の方面としては「充分なる満足の精神内に求め得べきことを信する」ことを目指す主義であり、同時に、第二の実地的「発動」の方面としては、「交際協和して人生の幸楽を増進する」ことを目指す主義であると、この論文のなかで清沢ははっきりとそう述べているのである。「精神主義は、吾人の世に処するの実行主義」といって差し支えないとまで主張されるのは、それがまさに第二の方面に重きが置かれたもの言いであるからにほかならない。

このように、処世という側面を軽んじることのない「精神主義」が、如来＝無限の恩寵を強調するだけの門人らの「精神主義」とは、思想的に似て非なるものであることは明らかである。

「講話」欄「信するは力なり」一巻一号（清沢満之　多田鼎成文）

「精神界」欄に無記名で掲載された「精神主義」とともに、創刊号で発表されているのが、当講話である。この一文が多田によって「成文」されることになった経緯や、『精神界』に発表されてのちに、はじめてこの文章に目を通した清沢が見せた反応等々については、第一章で述べた。

清沢の校閲を経ることなく公にされたこの講話文の一人称表現には、最後の一文だけに「私」が使用されているのを除いて、基本的に「我々」が採用されている。この点に関しては、多田が「絶対他力の大道」を編集した際に、「吾人」をすべて「我等」に書き換えていることなどから判断して、「吾人」の使用を避けたかった何らかの動機が存在していたと推測されるが、はっきりしたことはわからない。確かなのは、『精神界』に掲載されている多田のどの文章にも「吾人」という一人称表現は一切使われていないということである。

次に、この多田の「成文」に、人に説いて聞かせるような説法者の口ぶりが見えるかどうかだが、「真実の信を求め来らねばならぬ」とか、「絶対的無限の光明を忘れてはならぬ」などといった言い回しが多く確認される。たとえば、最終の一文は、「私は諸君が、速に此自在神力を獲むことを希望して居ります」という言葉で締め括られているが、そうした語り口は、まさに安藤の指摘する説法者の口ぶりを感じさせるものであろう。

では、経典などからの引文や人名等の引用についてはどうか。この講話文は、『小公子』の物語を導入部で紹介することで論が展開される。小公子フオントルロイの堅い信心によって、最終的に頑固者の爺さんの心が変わったという話なのだが、この逸話は多田の独断によって挿し挟まれたものであることがわかっている。しかしながら、まずもってそうした逸話の類を利用して自説を展開していくという手法自体が、それまでの清沢の語り口にはなかったものなのである。そもそも、こうした手法そのものが、他人の言葉を自分の思想の文脈に取り込んで語ることを卑怯だとまで言い放ったといわれる清沢のポリシーに反するものだったことはいうまでもない。

さらにいえば、この講話には、恩寵主義的傾向が、かなり顕著にあらわれている。第七段落にある、「親が殴つとも撫で摩するとも、孝子は常に親を信じてその恩を感謝すると同じく、我々は順逆、如何なる場合にても、他を信して疑わぬやうにせねはならぬ」といった主張などは、その典型であろう。ここでは、一途に信じて疑わぬ態度の重要性が強調されているのだが、どうしたらそのような「信」に至ることができるのか、その論理や筋道については、一切触れられていない。

清沢の思想においても、「信ずる」ということは最重要ファクターとして位置づけられていることに疑いの余地はない。けれども実際、最晩年に至るまで、その「信」の背景をなすものが何であるかについて論理的に語ろうとする姿勢を、彼は決して捨て去ってはいないのである。その意味でも、やはり多田のこの「成文」は、清沢のもつ思想の基本姿勢から少なからず逸脱しているといっていい。

最後に、常体文と敬体文の併用という文体上の特色でいえば、最終段落の最後の一文に、敬体文の混入が認められる。印象でいえば、この最後の一文は、それまでの文脈や口調からしていかにも唐突で不自然であるといった感が拭えない。それは、ここだけに、なぜか「私」という一人称表現が使われていたりすることとも関係しているように思われる。

そうした文体上の特色が認められることも、清沢の校閲を受けることなく「成文」され、世間に発表されたということを如実に示していると考えられる。

「精神界」欄「万物一体」一巻二号

明治三十四年二月二十五日付の、稲葉昌丸、関根仁応の両氏に宛てた手紙に、清沢は、第一巻二号掲載の「万物一体」「三誓ノ文」「公徳問題の基礎」の三本について、「却説今回精神界第二号ニ付御批評被成下鳴謝此事ニ候」「然ルニ貴命ノ如ク万物一体三誓ノ文公徳問題等一向不出来ニ有之慚赧之至リニ候」と記している。[26]このことから、『精神界』一―二に掲載されている「万物一体」を含む三本については、清沢自身が何らかのかたちでこれらの執筆に関与していたことがうかがえる。[27]

　内容や形式など、五つの視点を中心にこの無記名論文を眺めるとき、唯一該当するのは創刊号の「精神主義」と同じく、経典からの文言の引用だけである。具体的には、「一色一香無非中道」「心外無別法」「光明遍照十方世界」とか、「三界は皆是れ我が有なり」「其中衆生は悉是吾子なり」といった言葉が散見されるのだが、これらもまた、いずれも浄土教固有のものとはいえないことに加えて、多くは清沢が『精神界』以外の媒体で発表している文章中にも幾度か確認できるものなのである。このことは、創刊号に発表された論文「精神主義」での『維摩経』からの引文がそうであったように、この一文が清沢本人によって執筆されたものである可能性を逆に強く示唆しているように思われる。

　それにしても、なぜ清沢はこの論文を「一向不出来」であると見ているのだろうか。本論における主張の核心は、「宗教の真髄」こそ「道徳の源泉」だということに尽きる。本論でのキーワードの一つ「真正の道徳」というのは、まさしく宗教を源泉として立ち上がってくる道徳のありようを言い表したものにほかならない。清沢によれば、そのような、宗教に根ざした道徳のありようは、有限なる「吾人精神」が「絶対無限」に触れることによってしか獲得されないものなのであって、ここでいわれる「万物一体の真理」を「絶対無限」と同じ意味に解釈するとすれば、ここで示されようとしているのは、浄土教のみに限定されない宗教一般の構造であると理解できる。しかるに、「万物一体」と題されたこの一文のなかで、清沢は「真正の道徳」の源泉が「万物一体の真理に基ける平等無碍の正念」にあるとしつつも、最終的にはその正念の本体を「阿弥陀仏」としているのである。

清沢が浄土真宗の徒であったことは確かである。けれども、宗教的信念について語る場合には、清沢はつねに自身の信仰の立場を前面に押し出さないかたちで語ろうと努めてきたと考えられる。にもかかわらず、本論文では、絶対無限が阿弥陀仏というかたちで限定されて語られているとすれば、かなり異例なことだと見ていいのではないか。

このことはあくまでも推測の域を出るものではない。しかしながら、清沢がこの論文を不出来と見なしているとすれば、その理由の一つとして、そうしたことも、あるいは挙げることができるのではないだろうか。

「講話」欄「公徳問題の基礎」一巻二号（清沢満之）

この一文に関しても、稲葉・関根の両氏に宛てた手紙の文面から判断して、清沢本人が執筆に関わっている可能性が高い。

まず特筆すべきは、「講話」欄に掲げられた文章にはめずらしく、一人称表現に「吾人」が使われている点である。『精神界』に「講話」として発表されているもののなかで、一人称に「吾人」が使われている例は、実際、あまりない（本書一一九頁**表2**参照）。

次に注目されるのは、「自他差別の念を忘却せねばならぬ」とか、「彼我同体の念に安住せねばならぬ」などといった言葉遣いが散見されるということである。これらの言い回しには、一見、清沢の嫌う強請性が含まれているようにも感じられる。しかし、これらの言葉は、前後の文脈からして、他人に強いて勧めているというよりは、自己省察の結果から導かれる道理の必然として語られているものと解釈すべきであろう。現に、本講話文中には、「道徳問題は人か自ら責め自ら省みる事を期すへき」ものであって、「決して他より之を律すべきものでない」といった主張を見ることができるからである。

問題は最後の一文にある。この講話文は、「吾人は苦痛の道徳を排して、歓喜の道徳を勧めます」という言葉をもって閉じられている。しかし、正直なところ、この掉尾を飾る一文にも、「信ずるは力なり」の最終段落同様、どこか取って付けたような違和感が残る。それは、そこに説法者のごとき口調が見られるということもそうであるが、「勧めます」と、敬体表現がこの箇所にだけ採用されているということとも無関係ではない。

清沢の文章には、編集の段階で文言の書き換えや補足が、かなり広範囲になされていることは、自筆原稿との比較から、また、暁烏自身が清沢の文章を自由に書き換えたと発言したとされることなどからしても、異論を差し挟む余地はない。そうしたことを考慮するなら、最終段落全体、あるいは最後の一文に、編集者による文の書き換え、もしくは言葉の付加がなされている可能性は十分に考えられるのではないだろうか。

「精神界」欄「自由と服従の双運」一巻三号

安藤州一『清沢先生信仰坐談』に「我嘗て、『自由と服従の双運』の一文を草して誌上に掲ぐ。稲葉昌丸、京都より書を寄せて、頗る其意を領することを告ぐ、善く我意を得たるものと言ふ可し[28]」という清沢の言葉が紹介されている。本論文の原稿は未確認とされるが、この言葉からわかるのは、

「自由と服従の双運」については、清沢自身、確かに筆を執っているということであろう。
そのことを裏づけるように、本論文には一人称表現に「吾人」が用いられていることをはじめとして、その他の四つの視点からしても、問題となるような要素はまったく見当たらない。もっとも、そうした傾向は「自由と服従の双運」以外の「精神界」欄掲載の諸論文にも共通して見られるものである。このことは、「精神主義と性情」以前の「精神界」欄の諸論文については清沢が筆を執ったとする安藤の証言の正しさを、客観的に裏づけているものと思われる。

「講話」欄　「遠美近醜」一巻四号（清沢満之　多田鼎成文）

『清沢満之の文と人』の注釈によれば、明治三十四年三月に真宗京都中学校で同題目で講話され、「後東京浩々洞の日曜講話にて同趣旨の講話を同じ趣旨で講話をせられたのを多田鼎君が筆記したのがこの一文である」とされる。(29)

実際、この文章が清沢により執筆されたものでないことは、一人称に「吾人」以外の言葉が用いられていることや、「ねばならぬ」といった強請性を帯びた言い回しが数多く見られること、さらには、仏典等からの引用こそないものの、文中に具体例が多く登場するということなどからもわかる。

また、常体文と敬体文の併用も、本文中に複数確認することができる。たとえば、この一文の最終段落は、「斯く美醜等の別、一に我精神の上にあるのであると了得して見れば、私共は決して遠美近醜のために迷はさるることはない。随て羨望の情なく、不平の情なく、苦《ママ》がもがくことなく、常に満足の地に安することができます」という言葉で閉じられている。このようなかたちで、最終段落に敬体表現を混ぜ込んでくる手法は、多田や暁烏らがよく使う手法の一つであるが、それにもまして注目されるのは、「常に満足の地に安することができます」と括られていることで、恩寵主義的印象を強く与えるものとなっているという点である。

多田のこの「成文」が、はたして清沢が日曜講話で話したとされる内容を正確に伝えているかどうか。少なくとも、清沢が書く文章にはない特徴が多く見受けられることは確かである。


「講話」欄「智慧円満は我等の理想なり」一巻五号（清沢満之　暁烏敏成文）

暁烏敏の「成文」とされるこの文章の一つの特徴は、同じ巻号の「精神界」欄に発表されている「精神主義と物質的文明」に恩寵主義的思想傾向がまったく見られないのとは対照的に、恩寵主義的な思想傾向が顕著に認められることにある。

まず注目されるのは、本講話が、京都で遭遇したという一老僧の、「高等寺院の住職は学問はいらぬ、御経も読まなくてもよい、説教もしなくてもよい、ただおとなしくして念仏申してさへ居ればよい」という言葉の紹介で始まっていることである。ここで成文者の暁烏は一老僧の言葉に「御尤もであると感ずる」と満腔の同意を示しているが、そこに漂うのは、恩寵主義的思想以外の何ものでもない。

さらに、この講話文には「智慧円満にして巨海の如し」と、如来を讃嘆する親鸞聖人の言葉の引用も見られる。これは、最終段落で示される主張に結びつく、いわば前ふりの言葉として紹介されているものだが、本講話の最終段落は、実際、次のように結ばれている。

よく円満の智慧に達せ《(ママ)》れたならは反対もなければ衝突もない、実に融通無礙の境界に至られるのである。世に八方美人主義と云ふのがあるが、これが世の総てと争はず、衝突せずとの主義、総ての人を愛して行くと云ふ主義ならば、私は実によい主義であると思ひます。

ここで語られている思想が恩寵主義的に著しく傾いたものであることはいうまでもない。加えて、一人称が「私」となっていたり、敬体表現の混入が認められたりするなど、清沢の書く文章にはない特徴を数多く具えたものといえる。

「講話」欄「実力あるものの態度」一巻七号（清沢満之　暁烏敏成文）

これも暁烏の「成文」とされるものだが、ここでの形式上の特徴の一つは、試験に臨む受験者、競争（競漕）、囲碁を打つ人、人力車の車夫、演劇の役者（団十郎）から、イエスの「山上の垂訓」や、武田信玄、上杉謙信など、具体的人名を含む卑近な例がふんだんに盛り込まれていることにある。他の文献からの言葉の引用や人名への言及は、清沢の執筆ポリシーに反することであったはずだが、卑近な例を挙げて議論を展開していくというこうした手法も、『精神界』以前のものを含め、「講話」欄に掲載された文章以外にはまず見られないものである。さらにいえば、一人称に「私共」が採用されているほか、随所に「です」「ます」調の文章の混入も確認されるが、このあたりも、どこか説法者の口調に通じるところがあるように感じられる。

思想的な観点でいえば、強請的な性格がとりわけ顕著にあらわれているといえる。そのことは、最終段落にある、次のような言葉に象徴される。

要するに、私共が、外物の為めに心を擾乱せらるるのは実力なき者が事に当つて狼敗するやうなものである。私共が、世を怒り、人を憎むのは、実力なき者か強敵と難局とに恐れるやうなものである。故に私共は、如来に頼りて、実力を備へ、世に処しては、実力ある者の態度を取り、外物の為めに擾乱せられず、自分に反対する人を愛憐して行くやうに心懸けてはどうであろうか。

こうした語り口こそ、稲葉らへの手紙のなかで「精神主義ハ他人ノ云為ニ干渉セヌ筈ナリシニ飛ンダ失策ヲ仕リ候」と詫びなければならなかった口ぶりだったのではないだろうか。

ほかにも、本講話文中には、「ねばならぬ」「すべきではないか」などといった言い回しが随所に見られる。そうしたことも、この一文が清沢以外の人物によって書かれたものであることを強く印象づける要因となっている。

「講話」欄「心機の発展」一巻九号（清沢満之　暁烏敏執筆）

昭和十四年に刊行されている暁烏敏編『清沢満之の文と人』には、この「心機の発展」も暁烏により「執筆」されたものであることが記されている。実際、この講話には、一人称に「私共」が採用されていたりと、多くの点で清沢の文章的・思想的特徴からの乖離を指摘することができる。

思想的な点でいえば、心機の発展の結果として第三の境界に至って、真に宗教に入ることが「娑婆即寂光を信ずると同時に西方極楽浄土を信ずる」こととして語られていることは注目されてよい。そのうえで、この講話の最後は次のような言葉で結ばれる。

未だ、この境に到らざる人は、この境に到るまで、まじめに研究をつまねばなりませぬ。利を追ふてもよい、名を求めてもよい、交際に勉めてもよい、倫理につてもよい、宗教にはげむもよい、何れにしても、勉めて研究して行つたならば、悉く宗教の極致に達して、自由と安穏とを握る人とならざる人はないのであります。

まずもって、「娑婆即寂光を信ずると同時に西方極楽浄土を信ずる」という言葉から想起されるのは、清沢が安藤に密かに漏らしたとされる「私は娑婆即寂光土といふ事は、あまり有難く思ひませぬ」という言葉である。(30) なるほど、清沢が生前に書き残した膨大な量の文章のなかで、「娑婆即寂光(土)」という天台浄土教の常套句が出てくるのはたったの一度しかなく、それもメモとして紙片に書き留められているものにすぎない。(31) そうである以上、そこにはやはり成文者である暁烏の思想が投影されている可能性が高いと考えざるを得ない。また、最終段落における主張にしても、いったん真宗教の境地に入ったならば、「利を追ふてもよい、名を求めてもよい」、何をしても構わないといった発想などは、自筆の「我信念」などで語られようとしていることとは、根本的に相容れない主張のように感じられる。要するに、いったん人が宗教に触れたならば、すべての事柄が自由で、かつ安穏なものとなるとする発想は、思想の機微を欠いた、いささか恩寵主義に偏しすぎた思想であるように感じられてしまうのである。

ほかにも、当講話文には、強請的な口ぶりや、常体文と敬体文の併用なども認められる。強請性ということでいえば、「未だ、この境に到らざる人は、この境に到るまで、まじめに研究をつまねばなりませぬ」といった言い回しなどは、他者に対する説法者の態度を濃厚に漂わせているといっていい。かかる口吻が、清沢が終始貫いていた、一人称単数としての「我」の信念の語りから逸脱したものであることは明らかである。もっとも、真に宗教の道に入るには、人は必ず「第三の境界」に至らなければならないといったことは、清沢の「精神主義」でも、繰り返し主張されていることではある。「我信念」のなかでも、我が身を振り返り、自己の信念が確立されるには、頭が挙がらなくなるまで研究を重ね、考えて考え抜いた末、「自力無功」ということに気づかされることが必要であったと述懐している。だが、この場合、重々注意しなければならないのは、そのことはあくまで清沢自身の、いわば「我」一人の経験としてそうであったということなのであって、だからといって、自分と同じ経験やプロセスを共有することを他人に求めたり迫ったりするようなことは断じてしていないということである。

成文者の暁烏と清沢における語りのこうした微妙な差異は、アクセントの置きどころや、言葉のちょっとしたニュアンスの違いに由来するといえなくもない。しかしながら、読む人に与える印象や思想的理解に及ぼす影響はことのほか大きいと考えられる。そこにはやはり、この講話の執筆を担当した人物のもつ思想的傾向性が大いに反映されていると見ていいであろう。

「精神界」欄　「精神主義と唯心論」一巻十号

「精神界」欄に掲載された本論文に関しては、「清沢師自ら筆を執ったので」「実に理論正しき論文であつた」とする安藤の証言が残されている。[32] この言葉を裏付けるように、本文中には、「仏」「如来」をはじめ、仏教に関連する用語はまったくといっていいほど使われておらず、使われているのは、ほとんどが「宇宙万有」だとか「大我小我」といった、宗教哲学期以来、長年親しんできた哲学的用語である。また論理の組み立てても、初期の著作を髣髴《ほうふつ》とさせるもので、清沢の著作であることを疑わせる要素は、さしあたり何一つ見当たらない。このことは、その他の「精神界」欄掲載の諸論文にも共通して見られることでもある。

安藤が「浩々洞の懐旧」で証言している事柄にしても、あくまで間接的な証拠でしかないのかもしれない。けれども、『精神界』で発表されているものについては、原稿はおろか、清沢が執筆したことを示す資料すら、ほとんど存在していないのが現実である。

「講話」欄「宗教的信念の必須条件」一巻十一号（清沢満之）

清沢の「精神主義」が批判にさらされる際に、しばしば引き合いに出されてきたのが、この「宗教的信念の必須条件」である。

見るべきポイントは少なくないが、一人称表現に関していえば、この講話には「私」が一貫して用いられている。これまでの講話文には、「私共」「我々」「我等」などが混在するかたちで使われているケースはまま見られたものの、終始「私」だけで語られているのは、この講話の一つの特徴といえる。また、文体的には、随所で常体文と敬体文の併用がなされていることに加え、「云はれたは」などと「の」の省略された独特な言い回しや、「持たいでもよい」とか「云はなけりゃならぬ」などといった、ほかのどの文章にもない特徴的な言葉遣いなどが多数、見受けられる(33)。

引用や人名への言及についても、その他の講話文に比べて明らかに多い。本講話中には、源信僧都の言葉の引用が一度、蓮如上人の言葉の引用が二度ほど登場してくるが、清沢が蓮如上人や源信僧都の名前ないし言葉に言及している例は、書き残された膨大な文章のなかにおいて、ほとんど見られないのが実情である(34)。

思想的側面に目を向けると、「宗教的信念に入らうと求むる人は何でも宗教に熱中しなければならぬ」とか、「真面目に宗教的天地に入らうと思」えば、親でも妻子でも、財産でも国家でも、さらには自分自身さえも「捨てねばなりませぬ」などといった、他人に強いて勧めるかのような言い回しが多く目につく。このような、他人に対してある種の人生態度を、上からの目線で求めてくるような口ぶりも、この講話文における特色の一つであるといえる。

では、恩寵主義的傾向という点ではどうか。特に注目したいのは、ここでもやはり最後の一文である。蓮如の「王法をもて本とし、仁義をさきとして、世間通途の儀に順して当流安心をば内心にふかくたくはへて」という言葉が引用・紹介されたうえで、最終的に論じられてくるのは、そうした蓮如の言葉こそ「尤もありがたい規矩であると思ひます」ということなのだが、そうした「ありがたい」教えとして浄土教を捉えるやりかたは、清沢の「精神主義」とは縁遠いものだといわざるを得ない。また、第二段落の最終行にも、いわゆる「後生の一大事」に関連した蓮如の言葉が引かれているが、そこでは「深い宗教的信念の実験から来た言葉であると、ありがたく感じて居る」と述べられているだけで、「ありがたい」とされる感情の内実に踏み込む議論は、一切展開されていない。「宗教的信念の必須条件」には、この種の恩寵主義の香りを濃厚に漂わせる主張が、ほかにも数多く見受けられる。そのすぐ後に見える「国に事ある時は銃を肩にして戦争に出かけるもよい」といった言葉なども、まさにそうした思想の延長線上に語られてくるものにほかならない。

ところで、「宗教的信念の必須条件」に関しては、さらに突っ込んだ議論を展開することができる。それは一つに、この一文における思想的な内容や語り口が、先の「心機の発展」と題された講話に非常に似通っているという点である。

＊

「宗教的信念の必須条件」では、次のことが主張されている。

宗教的信念に入らうと求むる人は何でも宗教に熱中しなければならぬ、他を顧みないほど宗教に熱中しなければならぬ。（中略）故に真面目に宗教的天地に入らうと思ふ人ならば、釈尊がその伝記もて教へ給ひし如く、親も捨てねばなりませぬ、妻子も捨てねばなりませぬ、財産も捨てねばなりませぬ、国家も捨てねばなりませぬ、進んでは自分其者も捨てねばなりませぬ。（中略）此に至ると、道徳を守るもよい、知識を求むるもよい、政治に関係するもよい、商売をするもよい、漁猟をするもよい、国に事ある時は銃を肩にして戦争に出かけるもよい、孝行もよい、愛国もよい、工業もよい、農業もよい。即ち、「資生産業皆これ仏教」で、「仏教は日用の処、穿衣喫飯の処、撒屎放尿の処、行住坐臥の処に在り」である。それで私は宗教的信念を得た者か総ての世間のことに対する態度は、蓮如上人が、「王法をもて本とし、仁義をさきとして、世間通途の儀に順して当流安心をば内心にふかくたくはへて」と云はれたは、尤もありがたい規矩であると思ひます。

それに対して、暁烏「執筆」とされる「心機の発展」の最終段落は、次のような言葉で締め括られている。

未だ、この境に到らざる人は、この境に到るまで、まじめに研究をつまねばなりませぬ。利を追ふてもよい、名を求めてもよい、交際に勉めてもよい、倫理にこつてもよい、宗教にはげむもよい、何れにしても、勉めて研究して行つたならば、悉く宗教の極致に達して、自由と安穏とを握る人とならざる人はないのであります。

「宗教的信念の必須条件」では、宗教的信念に入り、その信念が確立されさえすれば、あとは戦争に行くことも含めて、何をしようが構わないと、いささか乱暴とも思えるやりかたで論理が展開されている。かたや「心機の発展」では、トーンはやや抑え気味だが、語られようとしている思想内容だけでなく、表現のしかたや論理構造までも、「宗教的信念の必須条件」とかなり似通っているといえるのではないだろうか。

もちろんこの点については、これら二つの講話がいずれも清沢の名前で発表されているものである以上、当然のことだという見かたも成り立ちそうである。だが、書かれた時期としては「心機の発展」のほうが二ヵ月ほど早いことは留意すべきである。もしも「宗教的信念の必須条件」が清沢の筆によるものであり、かつそこに第三者による大幅な思想的加筆ないし修正が加えられていないと仮定すれば、清沢は暁烏の思想や文体から強い影響を受けただけでなく、その思想を一層過激なものにして世間に示したということになる。

師もまた弟子の影響を受けるといった西村見暁の見解は、一般論としてはあり得べき見かたかもしれない。しかし、そうした見解の妥当性については、こと、清沢と暁烏の間の関係においては甚だ疑問視される点が多いことは、前章で見てきた通りである。

ただ、この類似性だけを論拠に、これら二つの講話がどちらも暁烏により執筆されたものであると断定するのは、なおいささか早急な判断といえるかもしれない。そこで、これとは別に、もう一つ傍証となり得る事実を紹介しておきたい。

当講話の冒頭部分でも説明されていることなのだが、宗教的信念に入るための「必須条件」というのは、平たくいえば「宗教的信念に入るには、いかなる関門を経なければならぬかと云ふ事」であるとされる。そのような、信仰に入るための「必須条件」としての「関門」とは何であるかをめぐり、実は暁烏自身、『精神界』二―三に「信仰の関門」と題する一文を発表している。これは、いうまでもなく「宗教的信念の必須条件」のテーマを意識してのことであろう。というのも、この論のなかで以下のことが主張されているからである。

自分も宗教的信念が得たいと思ふ人は、心の底の底から、大事に大事をかけて、一度は財産も名誉も、妻子も、自分も打棄てる程に熱注《ママ》して宗教を求めねばなりませぬ。蓮如上人も仰せられたやうに、障子越し、椽の端の立ち聞き位の風情で只人前ばかりのをほやうな聞きやうや求めやうではなかなか信仰の宝玉を手に握る事はできませぬ。

暁烏によって著されたこの一文にも、「心機の発展」と同様、「宗教的信念の必須条件」との間の表現上、思想上の類似点がいくつも指摘できる。第一に、宗教的信念に入るための「必須条件」が、「関門」と呼ばれていること、第二に、「信仰の関門」に入るには、つまり宗教的信念を獲得するには、財産や名誉だけでなく、妻子や自分さえも棄てなければならないとされていること、第三に、自説の正統性を補強するのに、蓮如上人の言葉が引用されていることなどがそれである。

「宗教的信念の必須条件」のすぐ後に発表されている「信仰の関門」に関しては、清沢の文章に触発された暁烏が、そこで語られている思想や表現を引き継ぐかたちで執筆したということも考えられなくはない。だとしても、「心機の発展」との思想上・表現上の密接なつながりをどのように理解すればいいのか。そうでなくても「宗教的信念の必須条件」は、五つの視点から見た場合、すべての項目において清沢の著作には見られない傾向を、顕著に示しているのである。

もちろんどれほど多くの傍証を集めたところで、「宗教的信念の必須条件」が清沢本人の思想を正しく反映していないということの決定的な証拠とはならないであろう。だが、少なくとも『精神界』創刊当初から、「講話」を中心に門人による「成文」や文言の書き換えが、清沢のチェックを受けぬままなされていたことは歴然たる事実である。さらに、「成文」の指摘には、資料によってその数に違いがあることなども考え合わせれば、この一文もやはり清沢以外の人物、おそらくは暁烏敏によって「成文」されている可能性が高いといって差し支えないのではないだろうか。

「講話」欄「善悪の思念によれる修養」一巻十二号（清沢満之）

この一文には、締め切り直前になって清沢から原稿が送付されたという記録が残されている。ただ、編集者宛の手紙に「行文の不調なる所等御呵正被下度候願上候」と書かれていることから、きわめて短時間に書き上げられたために、推敲が不十分であったことが知られる。

そうした事情を反映してか、この講話文では文の前半と後半とで、使われている一人称表現が異なっている。編集者が、もともと「私共」で統一されていたものを、わざわざ前半部分だけ「吾人」

に差し替えたとは考えにくい。だとすれば、何らかの理由で、後半部分だけで「吾人」から「私共」への表現の差し替えが行われたか、字数不足等の理由で、後半部分を第三者が丸々「成文」したということも考えられるのではないだろうか。

ただ、この講話には、一人称表現の問題を除けば、文体的にも思想的にも、清沢以外の人物による執筆を思わせる要素はまったく見当たらない。なかでも特に強調されているのは、自己の「悪罪の救済を専求するに至」るには、決して意志薄弱であってはならないということ、むしろ強健な意志によって「自家修養の道に進歩する」ことが大事だということである。そうした主張が、如来の救いをありがたがるだけの恩寵主義的発想と遠く隔たっていることはいうまでもない。

ところで、この一文が発表されているのと同じ号の「精神界」欄には、清沢の論文の掲載がない。そのこと自体、注目していいことなのだが、代わりに「精神界」欄の冒頭論文として掲載されているのが、あの「精神主義と性情」だったのである。このこともまた、推測の域を出るものではないが、暁烏は「精神主義と性情」を、普段は決して使うことのない「吾人」という一人称を用いて書いている。要するに、締め切りまでに清沢の「精神界」欄用の原稿が間に合いそうにないと判断した暁烏が、清沢になり代わり「精神主義と性情」を書き上げていたところに、予期せず原稿が送られてきたため、それを急遽「講話」欄に掲載することにした、ということなのではないだろうか。この号にいくつか異例の事態が生じたのは、そうした事情などが複雑に絡み合ってのことだったと想像される。

「講話」欄「仏による勇気」二巻一号（清沢満之　暁烏敏執筆）

『清沢満之先生の文と人』によれば、この一文も暁烏による「執筆」とされる。もっとも、門人が執筆（成文）したということが、即、第三者による完全な創作であるということを意味するわけではない。背景には、大抵の場合、話のもととなる清沢の談話や講話などがあったと想定されるからである[35]。

けれども、本講話に関しては、そうしたことさえ疑問視させるような記録が残されている。次号『精神界』二―二の「報道」欄に記されていることなのだが、清沢は明治三十五年一月十二日の「日曜講話」で、これとまったく同じ講題で講話を行ったとされているのである。この時期の『精神界』は毎月十日の発行である。したがって、暁烏が執筆したとされる「仏による勇気」は、少なくとも清沢による同タイトルでの「日曜講話」の内容をもとに執筆されたものではないことになる。だとすれば、この事実はいったい何を意味するのか。

暁烏の日記によれば、前年の明治三十四年の暮から上洛していた清沢が東京の浩々洞に戻ったのは、この「日曜講話」の行われた前日の一月十一日のことである。このことから、清沢は暁烏によって「執筆」された「仏による勇気」を、それ以前には目を通していないと考えられる。あり得るとすれば、浩々洞に帰ってから、自らの名前で執筆された講話に目を通した清沢が、その出来栄えに不満を感じ、そこで十全に言い尽くされていないと感じたことを補うべく、もしくは思想的に問題があると感じられた部分を修正すべく、あえて同じタイトルで講話を行ったということではないだろうか。

言葉遣いの点から客観的に指摘できるのは、一人称表現に「私」「我」「我等」などが用いられているということ、さらには常体文と敬体文の並用なども、数例見受けられるということである。また、本講話には仏教用語が多用されている一方で、哲学的な言葉遣いは一切見られない。その意味でも、執筆者のスタンスがはっきりとあらわれているといえようが、このことは、暁烏が清沢の思想や表現を自分のそれに引きつけて語るということはしても、清沢の思想や言葉遣いを、彼自身の文章中に取り入れるということは、基本的になかったことを示しているといえないだろうか。

思想内容に目を向ければ、第三段落で「仏を念ひ出して勇気を得て原稿を起艸しますときには、其原稿起艸は、仏の思召に従ひて自己の本分を尽しつつあるとでも云ふべき、勇ましき、喜ばしき、ありがたき感じがあります」と述べられていたりするあたりは注意が必要である。これまでもたびたび論じてきたように、たとえば清沢自筆の「他力の救済」などで、他力の救済に与る自己という側面と同時に、ともすれば他力を忘れて苦悩に沈んでしまう愚かな自己があるという揺るがし難い現実の二つの側面が押さえられていることを考え合わせれば、如来救済の一元論への傾きがあまりに強いといわざるを得ないように感じられるからである。そのあたりのことを間接的に補強する逸話として、ある講話の席で「如来は満面の涙を以て私共の上に慈哀を垂れ給ふ」と語った近角常観の言葉に、清沢が「傍人を顧へり見て、私は『満面の涙の如来』といふやうな形容詞がどうしても使へませぬ」と感想を漏らしたといった証言などが残されていたりもする。[36]

清沢が、ありがたいといった感情の面ばかりが先立つ語り口を意識的に避けてきたことは間違いない。だからこそ、「慈哀」としての救済の情緒的側面を強調しすぎる傾向にあった暁烏らに、彼はつねに「理性の冷や水」を浴びせ続けてきたのである。少なくとも『精神界』以外で発表されている清沢の文章に限っていえば、そのすべてで宗教のもつ「救済」と「修養」の二つの側面がきっちりと押さえられていることは事実である。

「講話」欄　「日曜日の小説」二巻三号（清沢満之　暁烏敏成文）

「雑誌『精神界』所収論文」として『岩波版全集』Ⅵに収められた二十三本の講話には、仏典等からの引用のみならず、小説や芝居の類を話題にしたものも少なくない。しかし、清沢は文学や音楽などにほとんど興味を示さなかったばかりか、文学亡国論まで口にしていたといわれるほど、この種のものを毛嫌いしていた節がある。[37]それゆえ、まず直感的に抱かざるを得ないのは、日曜日に小説を読むことを何よりの楽しみとする人物の視点から語られているこの講話が、はたして清沢の常日頃の実感に基づくものなのかといった疑問なのだが、『清沢満之の文と人』には、「日曜日の小説」というのは「トルストイの或パンフレット」に書いてある意見で、「当時浩々洞でみんながそれを読んで問題にしてゐたので、先生がそれについての解決を与へて下さつた」「それを浩々洞の日曜講話で語られたのを暁烏が筆記した」とある。

実際、この講話では一人称に「我等」が使われていることをはじめとして、清沢の文章には馴染みのない表現がいくつか見受けられる。なかでも気になるのは「なけねばならぬ」といった言い回しである。これは単なる印刷上のミスではなく、東海地方の独特な言い回しであると考えられる。清沢との会話のなかで、暁烏は「なけねばならぬ」という言葉遣いをよく耳にしていたのであろう。ちなみに、三羽烏のなかで「なければ」を「なけねば」と表記するのは、清沢と同じ東海地方出身の佐々木月樵である。[38] それに対して、暁烏の場合は「なければ」を「なけりゃ」と表現しているケースが少くない。[39]「雑誌『精神界』所収論文」に収録されているものに限れば、これ以外で「なけねば」と表記されているケースは、「公徳問題の基礎」の最終段落に一回と、「客観主義の弊習を脱却すべし」での二回だけである。

思想面で特記しておく必要があるのは、「我等は全く思慮抔を用ゐずして、其時其時の良心の指導により て善悪邪止を判断して毫も差支ないことである。寧ろ其か却て各個の事件に就て、直裁正確なる判断を得る道である」などといった主張である。こうした主張が、はたして清沢の思想を正確に偏りなく伝えるものであるかどうか。暁烏はここで、たとえ有限な人間であっても「一向に良心の指導に随順」するならば、「実践躬行する所が、其儘倫理道徳の実行とな」るので、その場合の実践が「迷信だの邪道だの」といったことは、「毫も顧慮すべきでない」とまで言いきっている。この主張が清沢の説く「精神主義」の思想の一側面を突いていることは否定できないとしても、この講話では、やはり無限大悲の恩寵の側面が強調されすぎていて、その裏面の、どこまでも有限者でしかない人間存在の哀しみを見据える視点があまりに希薄であるといった感が拭えない。

一人称表現と恩寵主義的傾向以外では、強請性という点も注目される。「倫理道徳の実践は、此でなけねばならぬ」とか、「其良心の指令は飽迄無上の命令と信ぜねばならぬ」といった、他人の云為に干渉するがごとき言葉遣いが、所々に散見されるからである。清沢はそのような説法者の口調を常々きつく戒めていたといわれる。その意味でも、この講話文に、成文者である暁烏の思想が強く投射されているということは否定できない。

「講話」欄「天職及聖職」二巻八号（清沢満之　佐々木月樵成文）

『精神界』誌上で、佐々木月樵が清沢の講話文の「成文」を担当しているのは、確認できる範囲では、後にも先にもこの一度限りのことである。確かにこの講話文には、読点が一切ないなど、一見してそれまでのどの文章にもない趣がある。一人称表現に関しても、「私共」「我等」「私」「我共」「我れ」等、実に多様な表現が用いられているし、「せにゃなるまい」「なけにゃなるまい」「思ひまする」など、特徴ある言葉遣いを見ることができる。

のちに大谷大学で学長を務めることになる佐々木は、浩々洞の三羽烏の一人として、清沢の存命時から『精神界』を中心に、明治の思想界で活躍していた人物である。彼もまた、自身の思想的立場を浄土真宗に置いていたことは確かだが、その関心は、同時に華厳思想や、中観の思想、さらには無著・世親の唯識教学に至るまで、広く「一乗教の研究」に外縁を有するものであった。安藤州一は、三羽烏のなかでも、佐々木の思想は暁烏や多田のそれとは明らかに一線を画するものであったと述べているが、後でも詳しく見るように、実際『精神界』誌上に発表されている佐々木のどの文章にも、恩寵主義や説法者の口調などは、ほとんど確認することができない。

恩寵主義と称される思想に内包される一つの問題性は、久木幸男も指摘しているように、一方で「自己否定と社会批判との相即」ということが信じられていながら、結局のところ、社会批判の視点が自己否定に収斂されてしまうことで、さまざまな社会問題は単に自己の問題へと還元されてしまうところにあるであろう[40]。換言すれば、そこに「自己否定そのものが抽象化ないし概念化するという悲喜劇が生じる」ということでもあるのだが、そうした恩寵主義の思想的危うさを内部から批判し得た人物の一人が、佐々木月樵だったのである。

一つだけ批判の具体例を挙げておきたい。明治四十二年二月発行の『精神界』九―二に「他力信仰論の概念化するを排す」というタイトルの論説が発表されている。そのなかで佐々木は、絶対他力の信仰が、ややもすれば「全く如来の一に帰して自己のなくなることのやうに考へ」られてしまうことに批判の眼差しを向け、「唯一の親に帰命するのではなくて、唯一の親に唯一の子が帰命する」という「不二」なるありようのほうが「最もよく我気持に相応する」と、自身の信念のありようを表白している。

佐々木月樵「成文」の「天職及聖職」には、そうした彼の思想的信条を裏づけるように、強請的な語り口や恩寵主義的傾向はまったく見当たらないといって過言ではない。佐々木は本講話を『精神界』に発表するにあたり、清沢本人に校閲をさせているようでもある。[41] ただ、本講話には、「無限」などといった哲学的用語は一切使われておらず、代わりに頻出してくるのが、「仏陀」など、仏教特有の術語である。このことは、しかしながら、思想の本質に関わる問題というよりも、表現上の個性に帰せられるべき事柄といったほうが適切であろう。

ともかくも、言葉遣い等の点では、明らかに清沢とひと味もふた味も違った、「成文」者ならではの持ち味が発揮されていることは間違いない。


「講話」欄「倫理以上の安慰」二巻九号（清沢満之　安藤州一成文）

「倫理以上の安慰」は、暁烏の「精神主義と性情」に対する世間の批判に答えるべく、浩々洞の

「日曜講話」で清沢が話したことを中心に安藤州一がまとめたものであるとされる。安藤はこの一文を『精神界』に発表するに先立ち、原稿の段階で清沢に校閲させているが、その際、清沢は、誤字を二、三ヵ所訂正しただけで、内容に関しては特に注文をつけなかったといわれている。

安藤もまた、浩々洞での清沢門下の一人ではあったけれども、暁烏や多田とは思想的に距離を置く人物であったようである。浩々洞の同人として、二人の思想に身近に触れることができ、かつ彼らを浩々洞内部から批判できる立場にあった人物として、安藤は貴重な存在だったといえる。彼がのちに発表している「浩々洞の懐旧」という回顧録には、当時の浩々洞内でのさまざまな葛藤を知るうえで興味深い証言が数多く記されている。その意味で「浩々洞の懐旧」は、近代版『歎異抄』とでも呼ぶべき資料といっていいかもしれない。

三羽烏に安藤を加えた四人の門人それぞれの思想傾向や行状については、第三章であらためて論じるとして、安藤が「成文」したとされるこの講話文には、思想的に引っかかるような記述は特にないように思われる。少なくとも、語られるべき思想内容に関していえば、できるだけ師の思想を忠実に伝えようとする姿勢を見ることができる。その点では、暁烏や多田によって「成文」されたり編集されたりしているものとは、はっきりと区別できよう。

とはいえ、「倫理以上の安慰」には、聖典からの引用や人名の言及が多く見られるうえに、一人称に「吾人」ではなく「私」や「我々」などが用いられている。このあたりなどは、やはり安藤ならではの性格が強くあらわれてきているといっていい。また、最終文には、例によって「実に道理至極した言と思ひます」と、「です」「ます」調が使われている。そうしたことも、清沢の文章にはない特徴の一つと考えられる。

「講話」欄「自ら侮る自ら重すると云ふ事」二巻十一号(清沢満之)

まずこの「私共」で語られている講話文についてはっきりといえることは、恩寵主義的な思想傾向を強く漂わせているということである。それは、たとえば次のような言い回しに如実にあらわれている。

私共の経験によれば責任や義務を重く感ずるのは、未だ宗教の妙味を知らなかつた時の事である。既に宗教の妙味を味ふて見れば責任を負ふべき自分と云ふ者がなくなり、義務を感ずる自我と云ふものがなくなるのであるから、何事に当りても平気なもので、すかすかと如来の心の儘に切り開きがついて行くのである。故に私共が最も務むべきことはこの如来の妙用に帰入することである。

また結語では、「其儘に安住する」ということは「無我」にほかならないとされ、「其儘にして置いたならば種々のもがきも苦みもない筈であるのに、無我海中にありて、小我の山を築きにかかるから種々苦まねばなら」ない、「故に人が無我になるには細工はいらぬ、その儘で如来の御救ひと信ずる時に無我の真理は自分に光を現はすのである」とも語られている。

こうした主張に恩寵主義的思想傾向が見て取れることはいうまでもないが、特に着目されるのは「無我海中」という表現である。如来の「本願」が「海」に喩えられることは珍しいことではないが、「無我海中」というのはそのイメージの延長線にある表現にほかならないであろう。清沢にしても、私たちの現に生きる世界が、実は如来の本願のはたらき＝絶対無限のはたらきに包まれているという事実を、海のイメージで捉えていなかったわけではない[42]。けれども、何度もいうように、彼はそうした、いかにも真宗的な用語の使用は、執筆上のポリシーとして努めて避けてきたと考えられる。ところが、それとは対照的に、暁烏や多田らの思いは、当初から「どうかして先生を真宗の安心を味はうて貰ふやうに導かねばならぬ」というところにあったわけだし、暁烏自身が告白しているように「いつのまにか、先生の潑剌たる中心の信味を、徳川時代に堕落し来たつた便利の為に考へられた所謂宗乗の殻」に入れてしまったともいわれている。つまり、彼らの願いが、当初からできるだけ真宗の用語、真宗の信心の味わいをもって清沢に思想を語ってほしいということにあったことは明らかなのである。そしてそのことは「他力の救済」で「光明界中」という表現が「光明海中」に書き換えられているることからも裏付けられるように思われる。だとすれば、この一文も清沢によって書かれていない可能性が高いと考えていいのではないか[43]。

強請性の有無という点でいえば、「如来の妙用に帰入する」には「之が為めに総てを犠牲にして務めねばならぬ」といった主張などは看過できない。そうした他人に何事かを強いるかのごとき語り口も、本来、清沢の思想信条に反するはずのものなのである。

『精神界』創刊時から、自らの名前で「成文」され、発表される文章さえ、清沢は門人らに「任し切り」であったといわれる。何故に彼はそのようなスタンスを貫いたのか。そのあたりの詳しい理由については、第四章で探っていくことにしたいが、この時期、そうした「任し切り」の態度が、総覧者不在の『精神界』に無軌道に近い状態を生み出しつつあったことは想像に難くない。現に、前号の

『精神界』二―十には、清沢の文章は一本も掲載されていない。清沢が死去する第三巻六号までの間で、文章の掲載が一本もないのは、この号と第三巻三号の二回だけだが、この頃、清沢は長男・信一と妻・やす子を相次いで病気で失っている。そのうえ、それら不幸な事態に追い討ちをかけるように、真宗大学で騒擾が巻き起こり、その責任をとるかたちで学監の任をも辞しているのである。

そうしたごたごたのなかで、執筆などしている余裕など、物理的にも精神的にも、とてもなかったに違いない。清沢が東京の地を離れ、自坊のある三河に戻るのは、学監の辞任劇から二週間後の明治三十五年十一月五日のことだが、その際、清沢は暁烏ら門人に対して『精神界』の廃刊を勧めたともいわれている。

そうした状況下で、『精神界』の編集・出版業務を実質的に取り仕切っていたと見られる暁烏は、自坊に戻った清沢にたびたび原稿を催促している。それに対して、清沢はその都度さまざまな理由を述べて、筆の進まないことを暁烏に詫びている。明治三十五年十一月二十八日の手紙に、「『精神界』の原稿は、今に一も得る所無之候[44]」と綴っていたり、同年十二月二十五日の手紙に「『精神界』原稿も認め度候へ共、時間の都合やら、用事の塩梅やら、尚ほ一葉をも成就致さず候[45]」と状況を報告していたりするのがそれである。

そうした清沢の『精神界』に対する消極的な姿勢は、自坊に戻る以前からのものである以上、かりに「自ら侮る自ら重すると云ふ事」が、自らの考えに沿わないかたちで「成文」あるいは編集されたとしても、清沢が編集者の方針に一々口出しをしたとは考えにくい。以下で見ていくことになるが、この時期以降、清沢の書いたものとして『精神界』に発表されている文章のうち、従来の文体や思想傾向からの逸脱の度合いの高いものの割合は、明らかに増えていく。西村見暁が、清沢の精神主義に前期と後期を区別する必要を感じたゆえんでもあろう。

「講話」欄「人の怒るを恐るる事」二巻十二号（清沢満之）

前号掲載の「自ら侮る自ら重すると云ふ事」と同様、この号に掲載された講話「人の怒るを恐るる事」もまた、清沢本人によって原稿が執筆され、編集者に提出されたものとは考えにくい。

まず、本講話文における言葉遣いから確認しておこう。この文章の一人称表現には「我等」が採用されていることに加え、「それ」という代名詞に「其」ではなく「夫れ」という字が宛てられていたり、清沢がしばしば用いる「第一着歩」ではなく「第一着」といった表現がとられていたりするなど、従来の清沢の文章には見られない言葉遣いなどが多く見られる。

思想内容に関わる事柄としては、恩寵主義的な傾向についてはとりたてて顕著とまではいえないにしても、「人はよしや怒るにしても、こちらは其を恐るることのない様にならなければならぬ」とか、「自分の胸の安心は、自分の胸の中に定めねばならぬ」「如何なることにも恐れぬと云ふ大安心を確立せねばならぬ」など、強請的で説教的とも受けとれる言いかたが散見される。

テキストの分析を通じて指摘できるのは、せいぜい以上のことである。だが何といっても決定的なのは、この講話には、清沢が執筆していないことをうかがわせる資料が存在しているということである。前号の「自ら侮る自ら重すると云ふ事」を論じた際にも触れたことだが、浩々洞を離れ、自坊に隠棲していた清沢は、暁烏からの度重なる執筆要請に対して、年の瀬も迫った明治三十五年十二月二十五日の手紙に、「『精神界』原稿も認め度候へ共、時間の都合やら、用事の塩梅やら、尚ほ一葉をも成就致さず候」と応答していたり、年明け一月二日の年賀状に、「暁烏君より御注文の原稿は、今に何も出来致さず申訳無之候。蓋し過日来妙な方面の事に専従致居候為にや、如何にも筆労の勇気無之候[46]」と述べていたりすることなどがそれである。

これらのことから、少なくとも清沢が三河の西方寺に戻った明治三十五年十一月から十二月までの間に、清沢が『精神界』のために自ら筆を執り寄稿しているとは、考えにくいといわざるを得ない。

「講話」欄「倫理以上の根拠」三巻一号（清沢満之）

この一文が、清沢自身の執筆であるかどうかは、明治三十五年十二月二十五日の暁烏宛の手紙に、「此分にては一月の分には何も覚束なきかと存候」と綴られているうえに、年明け二日の手紙にも「今に何も出来致さず」と近況が述べられていることからして、微妙であるように思われる。だが、『清沢満之の文と人』によれば、この「倫理以上の根拠」は清沢自らが筆を執ったとされている。ちなみに、暁烏の日記には、明治三十六年の一月四日から六日の三日間のうちに『精神界』の編集作業を行ったことが記されている[47]。

しかしながらこの「倫理以上の根拠」には、いくつか不自然に感じられる箇所もなくはない。それはまず、はじめの二段落が序文のような体裁をとっていて、しかもこの部分だけに「です」「ます」調の文体が採用されているという点である。ここで述べられているのは、この一文が、第二巻九号で発表された「倫理以上の安慰」での倫理と宗教の関係についての説明に対し、読者から寄せられた

「詳解を為せと云ふ注文」に応えるべく執筆された、といった趣旨のことなのだが[48]、そうした形式自体が、これまでにないまったく新しい形式なのである。

この一文が著されるきっかけとなった「倫理以上の安慰」は、清沢の講話を聴いた安藤がそれを「成文」して発表したものであることがわかっている。そのため、そこには清沢本人が著したものに比べて、思想的な面でやや不十分なところがあったことは否めない。この一文に触れた読者から「詳解を為せと云ふ注文」が寄せられたのは、当然といえば当然の成り行きであったと考えられる。帰坊以来、暁烏が清沢にたびたび原稿を催促している背景には、倫理と宗教の関係について次々と寄せられる読者などからの質問の声にきちんと応えるためには、清沢本人の登場を待つしかないといった強い思いがあったからではないだろうか。だとすれば、この一文は、実質的には第三段落から始まっていると見ていいのではないか。実際、最初の二つの段落を除けば、表現上も思想上も、従来の清沢の文章に見られる諸傾向からの逸脱はほとんどないといって差し支えない。

ただ、あえていえば、以下の点については、若干の疑問が残らないでもない。それは「吾人が一たび自己の心裏に絶対無限の如来の光明を獲得すれば」といった表現である。清沢が「絶対無限」を、公の読者が想定される文章のなかで「如来」として語るのは、かなり稀なケースであるといってよい。もっとも、このあたりの表現に編集の段階で手が加えられている可能性がないとも限らないわけで、いずれにせよそのような言葉遣いについては若干の留保が必要かもしれない。

しかしながら、暁烏の証言などを含め、総合的に判断した場合、この講話文は、基本的に清沢本人が執筆していると見ていいのではないか。その際、本講話の編集を担当した暁烏が、宗教と倫理とがいかなる関係に捉えられるかという質問への、浩々洞からの正式な応答としてこの一文を位置づけるべく、冒頭の二段落を書き加えたとするのが最も穏当な見かたといえるのではないだろうか。

「講話」欄 「宗教的道徳（俗諦）と普通道徳との交渉」三巻五号（清沢満之）

「講話」欄に収録されたこの一文には、清沢により原稿が提出されたことを示す手紙が残されている。それによれば、絶筆となった「我信念」が「真諦義ヲ述ベタ積リ」であるのに対し、「宗教的道徳（俗諦）と普通道徳との交渉」では「多少学究的根拠モ押ヘ」たつもりで「俗諦義」を述べたとされている。(49) ところが、どういうわけかこの講話文の原稿は未確認である。そうである以上、編集者による文言の書き換えや書き足しがあったとしても、それがどの箇所であるかを特定することは不可能で、『精神界』に掲載されたものをそのまま清沢の思想として受け止められない面がどうしても残ってしまう。

具体的には、一人称表現に「我等」が採用されているあたりは、その一つのあらわれであろう。また、第一段落と最終段落の最終の一文に、それぞれ一ヵ所ずつ敬体表現が見られるのも注意が必要である。本文中で敬体表現の混在した言いかたがされているのは、これら二ヵ所だけであるが、文章全体の位置づけからすれば、第一段落と最終段落が、それぞれまえがき、あとがきに相当するものと思われる。類似した事例は、いずれも清沢が原稿を提出していると推定される、「公徳問題の基礎」（一巻二号）や「倫理以上の根拠」（三巻一号）にも認められるが、はっきりしているのは、この号の編集を行っているのは暁烏で、五月四日から八日の五日間のうちに編集作業を終えているということであ

る。(50)

思想的な観点でいえば、この講話文には実に緻密かつ濃密な議論の展開が見られる。『精神界』に発表されている清沢の文章が、平均して二千字ないし三千字で書かれていることを斟酌すれば、約一万字という字数を費やして書かれている「宗教的道徳（俗諦）と普通道徳との交渉」は、異例の長さといっていい。それだけに、清沢のこのテーマへの思いの強さも伝わってくる。

ところで、この論で提起されていることの一つに、真宗の教えのなかで「真諦」とともに「俗諦」が説かれるのはなぜか、といった問いがある。この問いに対する清沢の答えはこうである。すなわち、「一般普通の道徳」ではもっぱらその道徳の立派な実行が目指されるのに対して、「真宗の俗諦」では「立派な行ひをしようが劣悪なる行ひをしようが、其はどちらでも構わない」と。にもかかわらず真宗で「俗諦」が説かれ続けてきたのは、実は「其実行の出来難いことを感知せしむる」ことが目的なのであって、「真宗俗諦の実行の困難」を感知させられてはじめて人は宗教に入ることができるというのが、ここで示されてくる解釈なのである。

こうした「真宗俗諦」についての独自の理解は、一歩間違えれば道徳軽視の恩寵主義的宗教観のようにも感じられる。しかるにそのことは、あくまでも真宗における「俗諦」の教えが果たす役割の一方面にすぎないのであって、清沢は「俗諦」の教えの真味は、むしろ第二の方面にあると、さらに論を展開させていく。そこで強調される「俗諦」の第二の方面とは、端的にいえば、「俗諦」の第一方面のはたらきにおいて「真宗俗諦の実行の困難」にぶつかり、「宗教」に「案内」された人が「大安心」を獲得した後にも、「俗諦」の教えがなおその人のうちにとどまってはたらき続けていくような方面のことを指す。そうしたはたらきは、「其実行の出来難きが為に愈無限大悲に対する感謝の念を深からしむる」方向にはたらくとされたうえで、次のように説明される。

我等は他力の信心により、大安心を得たれども、尚習慣性となりて居る自力の迷心は断へず起こり来りて止まないことである。そこで俗諦の教を聞かさるる時は、丁度其迷心に適当したる教であるから、直に之を実行せんとすることとなる。然るに実行に掛りて見ると、到底其出来難いことを感知するが為に、転して他力の信仰を喜び、所謂至心信楽己れを忘れて無行不成の願海に帰すと云ふ態度に立ち帰ることである。

このように、無限の大悲に触れることで新たな眼《まなこ》が開かれ、「宗教」に入って「大安心」を得たのちも、「宗教」に入る以前と同様、「俗諦の実行を勉むる」ことが決定的に重要であるという理解が示されてくる。つまり「他力の信仰」に生きることの喜びとともに、どこまでも有限な道徳に関わりながら有限な世界を生きていくことの意義が並行して力説されてくるのである。その意味で、とかく阿弥陀仏の救済の側面だけが強調されがちな恩寵主義の思想とは、明らかに別物の思想であるといわねばならない。

清沢にとって、宗教と道徳とは単に、一元同等のものではなく、両者は、つねに「双翼両輪」の関係をなすものとして、換言すれば、宗教にはいわゆる一般普通の道徳には収まりきらない側面があると認識されていたのである。そうである以上、宗教と道徳の間には、両者をどこかで截然と分かつ分水嶺のごときものがあると想定されていたといえる。宗教が説かれるがゆえに、万一、道徳の破壊されることがあったとしても、それはそれで致し方ない。「道徳と云ふものがさ程脆きものなれば壊れるのもよいかも知れぬ」とまでいわれるのはそのためであろう。とはいえ、この言葉を一般普通の道徳に対する宗教の立場からの挑発と受け取るのは誤りである。そこには、いくら宗教的信念が獲得されたからといっても、人界に長い歳月を重ねて作りあげられてきた道徳というものは、そう簡単には壊れないという、一般普通の道徳に対する信頼のようなものが、むしろ読み取れるからである。

本講話において思想的問題が指摘できるとすれば、その先の主張であろう。もとより、宗教者は「決して道徳を破壊しようとするのではない」。しかし、宗教者は宗教者として、あくまでも宗教を説くことを本分としなければならないとして、清沢は以下のように主張する。

人を殺すと殺さぬも択む所はない、物を盗むとも盗まぬとも其は関する所でない、姦淫したきものをして姦淫せしめよ等と云ふ。

ここでの主張が、「精神主義と性情」の主張に呼応したものであることは明白である。暁烏の、喧々諤々の議論を巻き起こしたあの問題発言は、清沢のこの一言によって、はっきりと弁護されたかたちになっているのである。自坊に戻った清沢に、暁烏が再三にわたって原稿を催促している背景には、穿った見かたをすれば、清沢自身の口からどうにかこの一言を引き出したいという思いがあったからではないかとさえ思えてきてしまう。

ただ、ここでの議論の進めかたは実に抜かりがない。なぜなら、この言葉のすぐ後で、「無限の大悲は殺盗姦淫等の有無によりて其救済を異にすることなきことを説くに外ならぬ」と述べられているからである。つまり清沢は、道徳的罪悪の問題は、あくまでも既往の罪についてのことであることを、この言葉を付加することで婉曲に主張しているものと解釈できるのである。

暁烏の「精神主義と性情」が『精神界』一―十二に掲載されて以来、そこでの大胆な発言を擁護しつつ、その真意を世人にいかに納得させることができるか、ということに門人らのどれだけ多くの労力がつぎ込まれてきたかは容易に想像できる。事実、浩々洞の門人たちは、この問題を突きつけられて、その対処に四苦八苦していたのである。(51) そうした門人らの苦慮や奮闘ぶりを横目に、清沢は一連の「精神主義」批判に、自ら直々に応答するということはほとんどしていない。むしろ他人事のように終始静観の構えを貫いているようにさえ映る。それだけに、この一文は、目前の死期を察知した清沢が、物議を醸した暁烏の発言を念頭に置きつつ、自身の俗諦（＝道徳）の理解について、門人らの強い要望に応えるかたちで、それこそ命を削る思いで、懇切丁寧に書き上げた最後の長文だったと理解していいのではないだろうか。

三　総　論

ここまで、本章冒頭で示した五つのポイントを中心に、「雑誌『精神界』所収論文」の思想的・文体的傾向について分析・検討を試みてきた。その分析の結果を、紙幅の関係上、本書で扱いきれなかったものも含め、四十二本すべてについて示したものが**表2**である（なお、論文タイトルの前に▲印のあるものは、文責が不明瞭であると考えられるものである）。本章冒頭に掲げた(イ)～(ホ)の視点にはっきりと該当するものは〇、該当しないわけではないが微妙な問題が孕まれると判断されるものは△で示してある。

表 2　『精神界』所収論文における思想的・文体的傾向

巻　号	論文タイトル	欄	記名者	成文者	イ	ロ	ハ	ニ	ホ
一巻一号	**精神主義**	精神界				○			
	信するは力なり	講話	清沢	多田	○	○	○	○	○
二号	**万物一体**	精神界				○			
	公徳問題の基礎	講話	清沢				△	△	
	▲三誓の文	解釈	浩々洞			○			○
三号	一念	講話	清沢		○	○		○	△
	自由と服従の双運	精神界							
四号	科学と宗教	精神界							
	遠美近醜	講話	清沢	多田	○		○	○	○
五号	精神主義と物質的文明	精神界							
	智慧円満は我等の理想なり	講話	清沢	暁烏	○	○	○		○
六号	宗教は目前にあり	精神界							
七号	競争と精神主義	精神界							
	実力あるものの態度	講話	清沢	暁烏	○	○	○	○	
八号	楽天	講話	清沢						
九号	先づ須らく内観すべし	精神界							
	心機の発展	講話	清沢	暁烏	○		○	○	○
十号	**精神主義と唯心論**	精神界							
	真正の独立	講話	清沢		○	○		△	
十一号	精神主義と他力	精神界							
	宗教的信念の必須条件	講話	清沢		○	○	○	○	○
十二号	**善悪の思念によれる修養**	講話	清沢		△				
二巻一号	迷悶者の安慰	精神界							○
	仏による勇気	講話	清沢	暁烏	○		○		○
二号	**精神主義と三世**	精神界							
	客観主義の弊習を脱却すべし	講話	清沢		○			○	
三号	精神主義と共同作用	精神界							
	日曜日の小説	講話	清沢	暁烏	○			○	○
四号	▲親鸞聖人の御誕生会に	雑纂	清沢		△	○			○
五号	▲信仰問答(一節)	雑纂	清沢		○				○
六号	***絶対他力の大道***	精神界			△				△
七号	生活問題	精神界							
八号	天職及聖職	講話	清沢	佐々木	○				
九号	倫理以上の安慰	講話	清沢	安藤	○	○	○		
十一号	自ら侮る自ら重すると云ふ事	講話	清沢		○	○		○	○
十二号	人の怒るを恐るる事	講話	清沢		○			○	
三巻一号	**倫理以上の根拠**	講話	清沢			△	△		
二号	我以外の物事を当てにせぬこと	講話	清沢		○			○	
四号	▲喀血したる肺病人に与ふるの書	論説	清沢		○				
五号	**宗教的道徳(俗諦)と普通道徳との交渉**	講話	清沢		○		○		
六号	***他力の救済***	精神界			○				
	我信念	講話	清沢		○				△

「精神界」欄掲載の十六の論文に関していえば、五つのポイントのうち一つでも該当する要素が認められるのは、「精神主義」「万物一体」「絶対他力の大道」「他力の救済」の四本にすぎない。しかも、それら該当する要素についても、大半のケースは、清沢本人の思想・執筆として説明がつくと考えられるものなのである。「絶対他力の大道」と「他力の救済」のケースでいえば、いずれも編集者の書き換えに起因するものだし、「精神主義」に見られる引用文などは、精神主義以前に清沢が書いている文章のなかにもたびたび登場してくるものだからである。

*

これらの分析からわかるのは、「精神界」欄に掲載された諸論文とそれ以外のものとの間には、思想的・文体的にはっきりとした違いが認められるということであろう。要するにこの事実は、「精神界」欄に掲載された論文については、清沢本人の執筆である可能性が高いということを物語っているものと考えられる。

それとは裏腹に、清沢満之の記名入りで「講話」欄で発表されている二十三の文章に関していえば、五つのポイントのうち一つも該当しないものは皆無で、文体的にも思想的にも「精神界」欄のものとは、明らかな違いが認められる。このことは、これら二十三の文章のなかに、清沢以外の人物による「成文」（もしくは「執筆」）が、判明しているだけでも九本含まれているということとも無関係ではなかろうが、それら以外にも、似通った文体的・思想的傾向を示す講話文が多数含まれているという事実は、まだいくつかの「成文」が、指摘のないまま埋もれている可能性を強く示唆しているものと思われる。

＊

次章では、門人により「成文」されたことがわかっている講話文のもつ性格について、さらなる分析・検討を加えていくとともに、清沢の名前で「成文」することが許された四人の門人たちの文体的・思想的特徴等についても、この章と同様の見地から分析・検討を加えていくことにしたい。それはひとえに、そうした地道な手続きを通してのみ、いわゆる清沢の「精神主義」の思想にどのようなかたちで第三者の思想的影響が及んでいるかを浮き彫りにしていくことが可能になると考えられるからである。

註

（1）『資料　清沢満之〈資料篇〉』（同朋舎、一九九一年）五五九頁。

（2）暁烏敏「清沢先生の信仰」（『涼風学舎版暁烏全集』第八巻、一九七九年）四九一頁。さらに変動は無かつた」（「浩々洞の懐旧」福嶋寛隆・赤松徹真編『資料　清沢満之〈資料篇〉』同朋舎、一九九一年、一七四頁）といった見解を示している。

（3）清沢満之と同時代を生きた安藤州一なども、「清沢師は当時の信仰が最後まで変らず、「我が信念」の絶筆まで観」についての分析（「清沢満之における宗教言説の問い直し」『親鸞教学』第八二・八三号〈大谷大学真宗学会、二〇〇四年〉、「清沢満之と多田鼎の宗教言説観」『親鸞教学』第八五号〈大谷大学真宗学会、二〇〇五年〉など）が注目される。そのなかで加来は、まず「親鸞の浄土真宗の伝統だけが如来に立つ伝統の発遣ではないという境地に生きてい」た清沢の思想スタンスを確認する。しかるのちに、清沢の言説はあくまでも「宗教言説」なのであって、その言語行為は「客観的事実の考証に従事する」言説とはまったく次元を異にするといい、ゆえに「教えの言句」が客観的事実を記述する言語として見なされるときには、宗教言説は宗教としての語りの力が失われ、主観的事実としての宗教的世界を開示することができなくなると論じている。加来によれば、そうした教義や学説以前の宗教言語を用いて、しかも実体験に裏づけされた言語によって、「エピクテタスのように語りたいという要求」は、清沢に「あえて宗派的伝統の色にそまった用語、護教的な手垢に汚れた教義の術語を避け」させた。つまり、清沢は決して「親鸞の言説（宗義）を客観的な実在として立てて、それを真実として前提し信仰し論証するという姿勢をとらなかった」ということなのである。

（4）明治三十四年四月十八日付けの暁烏宛の手紙に清沢は、「昨日午後より今来るか来るかと待居候『精神界』第四号先尅到手、不取敢数回翻展仕候。何だか前来第一号の様に相感じ、特に「花御堂」と「紅白日記」とには、頗る酔はされ候様に相感じ申候」（『岩波版全集』Ⅸ—二六〇頁）と綴っている。この言葉には、あるいは若干の皮肉も込められているのかもしれないが、ともかくも暁烏の書く文章を褒めていることは確かである。

（5）『岩波版全集』Ⅸ—二八四頁。

（6）明治三十四年二月二十五日付の、稲葉昌丸、関根仁応の両氏に宛てた清沢の手紙に、「却説今回精神界第二号ニ付御批評被成下鳴謝此事ニ候」「然ルニ貴命ノ如ク万物一体三誓ノ文公徳問題等一向不出来ニ有之慚赧之至リニ候」（『岩波版全集』Ⅸ—二五五頁）とある。

（7）「精神主義（明治三十五年講話）」（『岩波版全集』Ⅵ—一六七頁）。

（8）羽田信生によれば、暁烏敏の思想は清沢と過ごした前半生の思想と、清沢死後の後半生の思想とに分けることができるとする。羽田は自らを「果位の菩薩」に位置づけていた暁烏の前半生の思想から必然的に導かれてくるのが、まさにそうした「説法者の態度」、すなわち不覚者に対する強請的な語り口だという（清沢満之研究会報告⑨「「伝道者」から「求道者」へ——清沢満之との関係における暁烏敏の転機——」〈『親鸞仏教センター通信』三三号、親鸞仏教センター、二〇一〇年〉）。

（9）関根仁応はそのことに関連して次のエピソードを伝えている。

何か寛いで居た時でした。先生は「羅漢と云ふ者は、結構な者ですなあ」と申されました。そこで私は「羅漢は自利あつて利他を知らぬ者ですが、何故よいのですか」と御尋ねしたら、其の時先生は「なあに自利あつて利他を知らぬ丈で結構です。自利利他とか、教化とかいふことに走りて、自利の如何を省みぬ人が沢山ある。自信の後に教人信があり、自利が出来たら沢山である。羅漢の中には虎の口を捉へて居る人もあるし、鉢を捧げ灯を掲げて居る人もあるが、其の羅漢が自利を全うして居る所を人が手本とすることが出来る」と云はれました。（『法藏館版全集』Ⅲ―二七八頁）

(10)『香草舎版暁烏全集』Ⅱ、第二巻、五三二頁。

(11)暁烏や多田の恩寵主義的思想のそうした側面に深く切り込んだ研究としては、宮城顗「浩々洞」（『清沢満之の研究』教化研究所、一九五七年）や、加来雄之「清沢満之と多田鼎の宗教言説観」（『親鸞教学』第八五号〈大谷大学真宗学会、二〇〇五年〉）などが挙げられる。

(12)暁烏はそのあたりの消息を次のように伝えている。

私が先生の御在世の間から、特にその後になつてだんだんと感激的に仏陀を崇拝し、現在の境遇より慈悲の存在を説明しようとした私の仏陀は、妻の死と共に、いやがおうでも私の心から消えねばならぬやうになりました。自分は罪深い者であるが、この罪の深い私をこのままで抱き取つて下さるといふ都合のよい仏陀の恩寵は私から消えたのであります。

（「清沢先生へ」〈『涼風学舎版暁烏全集』第二二巻、一九七九年〉三〇頁）

(13)多田鼎「願はくば我が昨非を語らしめよ」（『精神界』十四―十一所収）。

(14)安藤州一「浩々洞の懐旧」（福島寛隆・赤松徹真編『資料　清沢満之〈資料編〉』同朋舎、一九九一年）二五七頁。

(15)同、二四三頁。

(16)一ヵ所だけ「我人」になっているのは、単なる表記ミスか、誤植であろう。

(17)「見よ、「精神界」の巻頭論文として載せられた清沢師の「精神主義」以下の諸論文にただの一語も仏語があったかどうか」（『毎田周一全集』第七巻、毎田周一全集刊行会、一九七〇年、四〇五頁）。

(18)加来雄之「清沢満之と多田鼎の宗教言説観」三〇頁。

(19)加来はまた、「私は「絶対他力の大道」と『臘扇記』との間に何か微妙なズレを感じてきたが、このような事情を聞き知ると、そのズレの原因は多田の編集の姿勢にあるのではないか、そこに多田の満之・精神主義理解というものが反映しているのではないだろうか、という思いをもつのである」(「清沢満之と多田鼎の宗教言説観」、二八頁)と論じている。

(20) 『涼風学舎版暁烏全集』別巻、一九七九年、四一頁。

(21) 暁烏は「清沢先生の信仰」(『涼風学舎版暁烏全集』第八巻、一九七九年所収)で多田と安藤と暁烏の三人が三河へ行き、佐々木が雑誌の編集のため浩々洞に残ったと証言しているが、松田章一によれば『暁烏敏 世と共に世を超えん 上』のなかで、「六月五日、敏は『精神界』の編集を終えた」とされる。

(22) 暁烏「清沢先生の信仰」(『涼風学舎版暁烏全集』第八巻、一九七九年)五五三~五五四頁。

(23) 同、五六三頁。

(24) 『岩波版全集』Ⅵ―三三三頁。

(25) 長谷正當「「自己とは何ぞや」という問いをめぐって――清沢満之の「無限の因果」から見た二種回向の理解――」(『現代と親鸞』第一七号、親鸞仏教センター、二〇〇九年)一四一頁。

(26) 『岩波版全集』Ⅸ―二五五頁。

(27) ただし、このうち「三誓ノ文」については、「解釈」欄に「浩々洞註」として掲載されているので、文責が清沢一人に帰せられるものではないことは明らかである。そもそも第一号での「講話」をめぐる対応からして、清沢自身が、この解釈文の作成に指導的立場で関わったとは考えにくい。「三誓ノ文」の解釈にあたって、もしも清沢が指導的な立場にあったとすれば、「浩々洞註」などと銘打つ必要はなかったであろう。にもかかわらず、清沢は稲葉・関根両氏に対し、手紙を通じてその不出来さを、「慚赧之至」と語っている。そこには、清沢満之と浩々洞の門人たちの関係を解き明かすうえで、一つの鍵が隠されているように思われる。

(28) 安藤州一『清沢先生信仰坐談』(浩々洞出版部、一九〇四年)一八頁。

(29) 暁烏敏編著『清沢満之の文と人』(大東出版社、一九三九年)一六六頁。

(30) 「清沢先生言行録」(『有光社版全集』Ⅲ―二九六頁)

(31) この言葉は、『法藏館版全集』Ⅲによれば、清沢が明治二十五年九月から翌年三月まで真宗大学寮において宗教哲学を講義した際に使用した『宗教哲学骸骨』に挟まれていた紙片に書き付けられたものとされる。

(32)「浩々洞の懐旧」（二二七頁）で安藤は、「『精神界』の創刊せらるるや、この本領欄は、清沢師自ら筆を執ったので、「精神主義と三世」「精神主義と唯心論」など、実に理論正しき論文であつた。然るに暁烏君が「精神主義と性情」といふ一文を認め、これを本領欄に掲げた」と証言している。

(33) ちなみに、「持たいでもよい」というのは、暁烏の出身地でもある北陸地方に見られる言葉遣いであると考えられる。

(34) その理由については、たびたび指摘されることだが、清沢の時代の真宗の基本理解は、当時の真宗僧侶のほとんどすべてがそうであったように、圧倒的な蓮如の感化のもとにあったのに対し、そうした蓮如主義に基づく真宗理解の殻を打ち破ることに、清沢の思想の目指すところがあったからだと考えられる。

(35) 安藤などは、「先生若し法話に赴くことあらば、帰洞の後、当日談話の梗概を話し、洞の兄弟に聞かしむるを以て常とし給へり」（『法藏館版全集』Ⅷ—五〇四頁）と述べている。浩々洞の門人が法話会に同行して、師の語ったことを直接筆記したということも、もちろんあったであろう。しかるにこの証言は、後日、講話の梗概を一文にまとめて清沢の名前で発表することも可能であったであろうことを、十分にうかがわせる。

(36) 安藤「浩々洞の懐旧」二一三頁。

(37)「清沢先生言行録」（『有光社版全集』Ⅲ—二八三頁）。

(38) たとえば、佐々木月樵「実験の宗教」（『精神界』三—五）など。

(39) たとえば、暁烏敏「他のものは他に我のものは我に」（『精神界』三—四）など。

(40) 久木幸男「『精神界』の社会的位相」（『近代の宗教運動——『精神界』の試み——』法藏館、一九八六年）一四〇頁。

(41)『清沢満之の文と人』に、「この文は浩々洞の日曜講話に先生の講話せられたのを後に佐々木月樵君が文に綴ったのを先生が校閲されて『精神界』誌上に載せられたものである」と暁烏による注記がある。

(42) たとえば『宗教哲学骸骨』（『岩波版全集』Ⅰ—二三頁）などでは「真如と万法との関係」について「真如の水が無明の風によりて万法の波を生ず」といった比喩が使われている。

(43) この講話が清沢の執筆でないと見られる根拠は、明治三十五年十一月十八日付の月見覚了宛の手紙の言葉にある。このなかで月見に「帰寺以来何の為す所も無之、茫然空過罷在候。諸方へ信書すらも全く怠慢に流れ、先日、浩々洞へ僅に用便の為一書発致候位に有之候」と書いている。これが事実だとすれば、清沢が浩々洞を引き上げた十一月五日以降、原稿の執筆はないということになる。もしも、清沢がこの講話を執筆したとするなら、妻の死と学監の辞任という大きな出来事の重なった最中のことになるが、その前の六ヵ月間には『精神界』への寄稿は現に一本もない。しかも、これ以外のいくつかの書簡からも、帰坊後もしばらくの間『精神界』に執筆はしていないことは明らかである。

(44)『岩波版全集』Ⅸ―二九七頁。

(45)同、二九八頁。

(46)同、二九九頁。

(47)『涼風学舎版暁烏全集』別巻、一九七九年、四四頁。

(48)そうした注文を寄せた人物の一人に加藤弘之がいる。安藤が「成文」した「倫理以上の安慰」は、暁烏や多田が投げかけた思想的問題をめぐり激しい議論が展開されはじめる、まさにそうした雰囲気のなかで発表された一文であった。実際、清沢満之の名前で「倫理以上の安慰」が発表された直後に、加藤から清沢本人に直々に会って話がしたいという旨の手紙が送られてきている。が、その際、清沢は要請に直接応じることはなかった。このとき彼は代理として、暁烏敏を加藤のもとに送っている。そこには、清沢なりの教育的な配慮がうかがえるとともに、そうした一連の議論の種を撒いたのが、清沢でもなく安藤でもなく、暁烏であったことをうかがわせる。

(49)『岩波版全集』Ⅵ―三九二頁。

(50)『涼風学舎版暁烏全集』別巻、一九七九年、四五頁。

(51)そこで巻き起こった一連の議論において言論を中心的にリードしたのは、暁烏をはじめ、楠龍造や安藤州一などの浩々洞の同人たちであった。このうち楠龍造は、『精神界』二―三で、花田衆甫や境野黄洋からの非難に応答してすぐさま「精神主義に対する批評を読む」という論文を発表している。また、安藤は『精神界』二―九に「倫理以上の安慰」を清沢の名前で「成文」し発表しているが、この一文のテーマからしても、暁烏の発言の波紋の大きさを見てとることができる。

第三章　それぞれの「精神主義」

雑誌『精神界』において清沢満之の名前で「成文」（「執筆」）を担当した、あるいは編集に携わったことがわかっているのは、暁烏敏、多田鼎、佐々木月樵、安藤州一の四人の門人である。「成文」（「執筆」）に関していえば、その内訳は暁烏の五本を最高に、多田が三本（うち編集が一本）、佐々木と安藤がそれぞれ一本ずつである。

以下では、四人の門人の文体的特徴や思想傾向などについて、彼ら自身によって書かれた文章を分析・検討していくことを通して、いわゆる「精神主義」の思想の実像に、より肉薄していくことを試みたい。

ここで主として扱われるのは、四人が清沢の「成文」を行ったのと同じ時期の『精神界』に、彼ら自身の名前で発表している文章のうちのいくつかであるが、そこにいったいどのような傾向性を見てとることができるのか、はたまた、そこに浮かび上がってくる傾向性と、従来清沢の執筆とされてきた講話文のうちでも、特に門人による「成文」ということが指摘されていない文章に見られる傾向性とがどのような類似性を示すのか（示さないのか）、について明らかにしていきたい。

一　暁烏敏の文と思想

創刊号から第三巻六号までの間で『精神界』に発表されている暁烏の文章は、大別すれば以下の三つに分類することができる。

第一群は、前章で見た五本の「成文」（「執筆」）で、これらはいずれも清沢満之の名前で「講話」欄に発表されているものである。

第二群は、『精神界』の社説に相当する「精神界」欄の冒頭文として発表されているものである。なお、これらはすべて無記名で発表されているものなので、どれが暁烏によって執筆されたものなのかを確定するにあたっては、『涼風学舎版暁烏全集』別巻の著作一覧を参考にした[1]。

第三群は、暁烏の記名入りで発表されているものである。暁烏が『精神界』に発表している文章は実に多彩で、詩や雑記、経典解釈の類など、長短さまざまな種類の文章が毎号のように数多く寄稿されている。しかしながら、詩などの短文や、教義的解釈に関わる経典解釈の類は、文章の性格上、ここでの分析には不向きであると判断されるため、ここでは基本的には取り扱わないことにする。

第一群　「成文」（「**執筆**」）

清沢満之の名で発表されている講話文のうち、「智慧円満は我等の理想なり」「実力あるものの態度」「心機の発展」「仏による勇気」「日曜日の小説」の五つについては、暁烏が「成文」（「執筆」）を担当していることがはっきりしている。

これらの講話には、前章で試みた検証の結果、五項目中、三つないし四つの項目において清沢の文章にはない傾向性が認められることがわかった。もっとも、これは暁烏の「成文」に限らず、四人の「成文」にも共通していることでもあるが、一人称表現に関していえば、五本すべてに「吾人」以外の表現の使用が認められる。また、恩寵主義的傾向、および敬体文の併用については、五講話中、四講話において、強請的・説法者的な語り口については、五講話のうちの三講話に、さらに引用や人名への言及については、五講話中二講話に認められる。これらを「精神界」欄掲載の清沢の諸論文がもつ傾向と比較した場合、その傾向性にどれほどの違いがあるかは一目瞭然である。

第二群「精神界」欄掲載文

創刊号から第三巻六号までの間で、「精神界」欄冒頭に掲載されている暁烏の論文は、「精神主義と性情」（一―十二）、「六合の枢軸」（二―十）、「勇猛精進の気魄」（三―一）、「敬白」（三―四）、「活路は開かれたり」（三―五）の五本である。

「精神界」欄の諸論文に共通していえることは、清沢のものに限らず基本的に常体文で書かれていて、「です」「ます」調の文体が併用されている例は皆無だということである。その点でまず、「講話」欄の文章がもつ傾向とは、はっきりと区別することができる。また、人名への言及や経典類からの引文は、皆無とはいわないまでも、頻度としては決して高くなく、そうしたあたりにも、「精神界」欄の諸論文の一般的文章傾向を指摘することができる。

ただ、右の五論文に関していえば、一人称表現には、議論を巻き起こした「精神主義と性情」以外のすべてで「吾人」以外の表現が採用されていること、さらには五論文のすべてに、強請性および恩寵主義的な思想への過剰な傾きを見ることができる。このことから、「精神界」欄への掲載を前提にして執筆を行う際には、表現上のスタイルを変えるように努めているものの、表明される思想に関しては、そのほかの欄に掲載されているものと、基本的には変わっていないことがわかる。

第三群　その他の執筆文

「雑纂」欄や「講話」欄を中心に、暁烏は比較的まとまった分量の文章を発表しているが、その場合も一貫しているのは、「吾人」以外の一人称表現の使用である。なぜ、彼は頑なに「吾人」という言葉の使用を避けたのか。理由は定かではないが、同様のことは、多田や佐々木、安藤についても基本的にいえることなので、その分、清沢のものとされる二十三本の講話文のなかでも、一人称に「吾人」の使用が認められる四本については、清沢本人の執筆である可能性が高いと見ることができるかもしれない。さらに、これら四本の講話文のうちの三本までに、清沢が原稿を提出していることを示す資料が残されている。そのことも、その可能性に、より一層の信憑性を賦与しているように思われる。

また、人名への言及や他の文章からの引用なども、暁烏の執筆文には頻繁に認められる。なかでもとりわけ目を引くのは、親鸞や蓮如など、真宗に関連した人物名への言及や経典類からの引用の多さである。敬体表現が併用される頻度は、それに比べれば若干低いように思われるが、「講話」欄掲載文だけに限定していえば、十三本のうちの実に十一本において敬体表現を織り交ぜた技法の使用を認めることができるのである。そのあたりにも、暁烏の文章、わけても彼の執筆する講話文の文体上の特色がうかがえよう。

では、思想的な面ではどうだろうか。このことは、とりわけ強請性や恩寵主義ということと密接に関係してくることだが、暁烏の文章には、例外なくこれら思想傾向の両方、もしくはそのどちらか一方が顕著なかたちで認められる。このことは、「精神主義」と呼ばれる思想の性格を推し量るうえできわめて大きな意味をもつものと考えられる。

＊

次頁表3は、創刊号から第三巻六号までの間に『精神界』誌上で発表されている、一定量のボリュームをもつ暁烏の二十二本の文章と、暁烏が清沢の名で「成文」している講話について、前章で設定した五つの視点から分析・検討した結果をまとめたものである。このうち、タイトルが斜体になっているものは、暁烏により「成文」（「執筆」）されていることがわかっているもの、網掛けのものは、無記名で「精神界」欄の冒頭論文として発表されたものであることを示している。

こうしてみると、暁烏が清沢の名前で『精神界』に発表しているものと、自身の名前で発表しているものとが、いかに類似した傾向性を示しているかがわかるであろう。そこで、あらためて問い直す必要があるのは、このような特徴を示す暁烏の思想的背景についてである。

「精神主義と性情」のなかで、暁烏は「吾人の精神主義は人を殺す者も、国を売る者も、物を盗む者も、徳高き賢者、識博き智者と共に安慰を得るの道なり」と主張して、囂々《ごうごう》の非難を招くことになった。そうした意見を、清沢は、多少の戸惑いを見せつつも、基本的には黙認していたようである[2]。数々の非難を招いたここでの暁烏の発言は、のちに「宗教的道徳と普通道徳（俗諦）の交渉」のなかで一応は擁護されるかたちになっているのだが、そのような大胆な主張の前提には、好意的に解釈す

表 3　暁烏敏執筆文の文体及び思想傾向

巻　号	タイトル	欄	記名者	イ	ロ	ハ	ニ	ホ
一巻　五号	*智慧円満は我等の理想なり*	講話	清沢	○	○	○		○
六号	道徳の慈悲、宗教の慈悲	解釈	暁烏	○	○			○
七号	落第	講話	暁烏	○	○		○	○
	実力あるものの態度	講話	清沢	○	○	○	○	
八号	村寺夜話	雑纂	暁烏	○	○		○	○
九号	怒の話	講話	暁烏	○	○	○	○	○
	心機の発展	講話	清沢	○		○	○	○
十号	常人の一生	講話	暁烏	○	○	○	○	○
十一号	人の我が頭を搏つ時に	講話	暁烏	○	○	○	○	○
十二号	精神主義と性情	精神界			○		○	○
二巻　一号	心霊上の雑感	雑纂	暁烏	○	○		○	○
	仏による勇気	講話	清沢	○		○		○
二号	安田に於ける霊感	雑纂	暁烏	○	○		○	○
三号	信仰の関門	雑纂	暁烏	○	○	○	○	○
	日曜日の小説	講話	清沢	○			○	○
四号	服従論	講話	暁烏	○	○	○	○	○
五号	がきすまう	雑纂	暁烏	○			○	○
七号	一念の満足は永遠の満足なり	講話	暁烏	○	○	○		○
	死の問題	雑纂	暁烏	○	○		○	○
十号	六合の枢軸	精神界		○			○	○
	如来の大命	講話	暁烏	○	○	○	○	○
十一号	人生の笑くぼ	雑纂	暁烏	○	○		○	
十二号	獅子奮迅三昧	雑纂	暁烏	○			○	○
三巻　一号	勇猛精進の気魄	精神界		○	○		○	○
四号	敬白	精神界		○			○	○
	他のものは他に我のものは我に	講話	暁烏	○	○	○	○	
五号	活路は開かれたり	精神界		○			○	○

＊タイトルが網掛けになっているものは「精神界」欄冒頭論文を、斜体は清沢の名前で暁烏が「成文」しているものを表している。

るならば、「道徳では解決されない人間の救済者としての精神主義の立場」があったものと推察される[3]。少なくとも暁烏の理解にあっては、「精神主義」が闡明する、道徳を超えた宗教的な立場にこそ、清沢の思想の真髄があると確信されていたものと考えられる。つまり、「精神主義と性情」でなされている主張は、暁烏自身が清沢の思想のうちに見ていた、あるいは無意識のうちに彼自身が投影したかったところの思想が、暁烏の筆によって具体的かつ大胆なかたちで表明されたものと見て大過ないと思われるのである。

したがって、暁烏が清沢の思想の真髄をそのように押さえたのも、あながち独断と偏見のせいばかりとは言いきれないのかもしれない。実際、そうした解釈が成り立ち得るような根拠は、清沢が書き残している文章のうちにも、断片的に認めることができるようにも思われるからである。

たとえば、清沢は明治三十一年十月二十一日の日記に、他力の論理について、一方で「彼ニ在ルモノニ対シテハ唯他力ヲ信スベキノミ」であり、「我ニ在ルモノニ対シテハ専自力ヲ用ウベキ」としながらも、この場合の「自力モ亦他力ノ賦与ニ出ツモノ」にほかならないといった趣旨のことを記している。ここでの思想は、要するにこういうことだと解釈できる。自己というのは、もともとその分限内において他力から自力を付与されてある存在である以上、分限内において自力を尽くすべきことは当然だが、ときとして有限な自己は、現実生活において分限を超えた困難に直面し、倫理上の問題にまったく身動きが取れなくなることがある。いったんそうした倫理上・道徳上のジレンマに陥ってしまえば、世間一般の「善」「悪」の標準などというものは、もはや何の役にも立たなくなることはいうまでもない。では、そうした苦境を乗り越えて、なお虚心平気にこの世界を生きていくことができるとすれば、それはいかにして可能なのか。そのためには、「彼ニ在ル」問題、すなわち他力の問題として、「唯他力ヲ信ス」るよりほかない。その信じた他力＝絶対無限に、任運に法爾に乗托する以外ないというのが、『臘扇記』等で示されている唯一の解決の道筋だと解釈できるのである。

もし清沢が示そうとしている論理がそのようなものだとすれば、「精神主義と性情」での暁烏の主張と清沢の思想とは、必ずしも真っ向、ぶつかり合うものとはいえない。だがしかし、「精神主義と性情」に象徴される「精神主義」の理解においては、一つ大事な事柄が押さえられていないことも事実である。それは、分限内の事柄については「専自力ヲ用ウベキ」とする思想的側面である。つまり、清沢のいう真宗俗諦の第二の方面が、暁烏においてはほとんど顧慮されていないという点で、やはり両者の「精神主義」は似て非なるものといわざるを得ないのである。(4)

晩年の清沢に、真宗中学の学生に向けた「不動の心」（『岩波版全集』Ⅶ所収）という一文がある。そこで語られているのは、「人を殺すも活動なれば、人を活すも活動である、物を取るも活動なれば、物を与ふるも活動であ」り、「人を殺すも強ち悪とは云へなければ、人を活すも強ち善とは云へない、又物を取るも強ち悪と云へなければ、物を与ふるも強ち善とは云へない」ということである。これなどは、一見、殺人や窃盗をも是認するかのごとき思想のようにも感じられる。だが、ここでなされているのは、人殺しや窃盗を是認するものではなく、「殺す」「活す」、「取る」「与ふる」といった二項対比において、一方を「善」とし、他方を「悪」とするといった思考図式は成り立ち得ないという主張にすぎない。このことは、この一文を、前後の文脈を踏まえてしっかりと読めばわかることであろう。

「不動の心」が発表されたのは、明治三十三年八月のことなので、「精神主義と性情」が執筆される一年数ヵ月前の文章なのだが、そこに見られるいくつかの言葉は、実際、青年暁烏の心を深く捉えたようで、彼の思想形成にかなりの影響を及ぼしているようである。そのことは、明治三十三年十一月十二日に暁烏が記している日記「大仏小仏録」に、「自身に満足したる行ならば如何なる事を為すも可なり、例へば盗を為すも可なり、人を殺すも可なり」[5]と記述されているあたりにも如実にあらわれているし、さらにその四日後の十一月十六日の日記に、ここで得た発想をさらに拡大・発展させて、「自ら満足したる事なればいかなる事を行ふも可なり、盗する可なり、殺生する可なり、この業によりて地獄へ行くも快を感じ、畜生道に至るも快を感ずるに至れば以て足れり」[6]と、思索の跡を書き留めていることからも推察される。

ここに書き留められた日記の言葉が「清沢先生曰く」と書き出されていることも、清沢の思想に触発されつつ思想が展開されていっている様子をうかがわせるわけだが、「自ら満足したる事なればいかなる事を行ふも可なり」といった主張などは、『臘扇記』その他で語られている清沢の思想とは、相当にかけ離れたものであるといわざるを得ないのではないだろうか。

いずれにしろ、約一年後に書かれることになる「精神主義と性情」の思想的な下地は、遅くともこの頃までには形成されていたと見て間違いない。そうした暁烏ならではの清沢理解、暁烏にとっての「精神主義」は、清沢在世時からさまざまなかたちで思想界に波紋を広げてきたわけだが、清沢の死後、彼独自の「精神主義」は、清沢満之の衣を纏いつつ、ますます先鋭化されたかたちで喧伝されていくこととなる。

その極みは、清沢の死から六年後の明治四十二年に「我信念」の「内容的注釈」と称して『精神界』九―五に掲載された「罪悪も如来の恩寵也」に代表される。

私が過去に於ける総ての罪悪が如来の恩寵であると味ふやうに未来の罪悪も亦如来の計らひであると思ひます。私の罪悪はなかなか止まないが、どんな罪悪をやりましても、過去の総ての罪悪が喜びの種子であつたやうに未来の罪悪も過去の天地になほる時にはやはり如来の恩寵と味はるるにちがひない。過去の一部を引受けて計らうて下さつた如来は未来に於てもすつかり引受けて下さるるにちがひない。清沢先生はこの信念よりして、「心の欲するままにふるまうて、何をやつても差支はない」と申されました。総てが如来の計らひであると信じた上でなくては、こんな大膽な表白は決して出来るものではありませぬ。過去の罪悪までが如来の恩寵であると喜ばるるので、未来にどんなことをしてもかまわぬといふ覚悟が出て来るのであります。この信念に到らずしては、実際の安心は得られないのであります。私が罪悪も如来の恩寵也と云ふのは、清沢先生の『我信念』の内容的注釈であるのであります。

次に現在罪悪を行ふて居る時には、どう思ふかと云ふに、罪悪を現に行ふて居る時には、ただ罪悪を思ふのみで恩寵とも何とも思はぬことがある。然しこの現在が過去にかはる時にはやはり恩寵ならずといふことはない。で、現在罪悪をやりつつ恩寵を思はぬにしても、現在の罪悪も亦恩寵であると普般的に味ふことができるのであります。

宗教的な立脚点が確立された立場から、一般道徳として世俗の次元に捉えられる善悪・倫理のありようが根本的に批判されてくるのは、清沢の「精神主義」においても同じことであろう。しかし清沢の批判は、あくまでも宗教的な眼差しを欠いたままに、無批判に奉じられてくる倫理や道徳のありように向けられたものなのであって、特に晩年に繰り返し強調されるのは、宗教を根基とした道徳、いわゆる「真正の道徳」の確立こそが急務であるということであった。換言すれば、一般普通の倫理・道徳を超越する必要が説かれているという点では、両者の思想には確かに共通するところがあるのだが、暁烏の場合には有限者が自己の分限内において未来に向けて自力を尽していくことの重みや意義が説かれることがないために、恩寵主義的一元論への傾きが顕著とならざるを得ないということなのである(7)。

自己という存在を自己たらしめる固有の輪郭が、如来の恩寵という感動のなかに一元的に塗りつぶされてしまうとき、過去の諸行為のみならず、現在および未来のことまで、一切の諸行為のすべてが如来のなせるわざ、如来の所為として受け止められることになるのは理の当然というべきである。かかる自己亡失の陶酔がもたらす弊害が、現実社会のなかに位置づけられた自己や他者といった視点をその一元論的なまどろみのなかに融解させてしまうことにあることは、容易に想像がつくであろう(8)。事実、暁烏の思想をめぐっては、そうした観点から多くの批判がなされてきたのである。

「精神主義」の思想をめぐる諸問題が論じられる際に、どこまでが清沢本人の思想で、どこからが第三者による改変ないしは誤解に基づく潤色なのかといった観点から議論がなされてくることは、これまでほとんどなかったといっていい。しかるに、同じ「精神主義」の看板のもとに主張される両者の思想の間には、つとに指摘されてきたように、「万物一体論を踏まえて権利を論じ、理想への服従(反面として反理想への抵抗)を説き、絶対者の働きを内在化するところに生まれる従順について語る清沢」の思想と、「権利思想を否認し、抵抗をすべて退け、仏陀に従うつもりで他人に服従せよと叫ぶ暁烏」の思想といった、明らかな発露の違いを認めることができるであろう。(9)

二　多田鼎の文と思想

多田鼎と清沢がはじめて顔を合わせているのは、明治二十六年十一月五日のことと記録されている。京都で教鞭を執っていた清沢の高風は、当時、東京で学んでいた多田の耳にもつとに届いていたという。この頃すでに、「大経の理義」も究めたいという願いを強く抱くようになっていた十九歳の多田は、村上専精の勧めにより、清沢が教職にあった京都の大谷中学に編入している。ちなみに、暁烏と清沢とのはじめての対面は、同年九月のことであるから、清沢との関係でいえば、暁烏のほうが二ヵ月先輩だったことになる。

この日、大谷中学に学期途中で編入してきた多田は、事務室の前で清沢に「前途猶ほ遠し、徐ろに勉めよ」と激励の言葉を掛けられている。清沢は、同じ言葉を、大谷中学で学ぶ若い学生たちにもたびたび投げかけていたのだろう。この言葉には、その後の浩々洞での共同生活のなかで、しばしば洞人たちに向かって発せられていたとされる「化地の道に急いではならぬ」という戒めに通じるところがある。

ところで、浩々洞で清沢と共同生活を送っていた門人のなかでも、多田は、この種の戒めを最も頻繁に受けていた人物の一人だったようである。(10)このことは、裏を返せば、宗教者として「化地の道に急」ごうとする傾向が、多田にいかに強かったかを示していよう。そのあたりの性格については、さすがの清沢も見過ごせない問題だと捉えていた感がある[11]。

だが、再三にわたる忠告にもかかわらず、多田は伝道へとはやる気持ちを抑えることができずに、清沢の亡くなる直前の明治三十六年四月二十八日に、千葉での布教生活に入るべく浩々洞を離れている。このときにも、病床の清沢は出洞を思いとどまるよう、遠方から粘り強く説得を続けていたといわれるが、結局、周囲の説得に耳を貸すことなく、彼は「化地の道」へと進むことを自らの意志で選んでいるのである。

だが何故に、多田は説法者であることに対する強いこだわりを断ち切れなかったのか。それは、どうも真宗の寺族として生まれた彼自身の出自と関係しているようである。そのあたりの事情は、清沢没後に書かれた回想文、「願はくば我が昨非を語らしめよ」にも如実にうかがい知ることができる。

幼少の時から深く根ざして来た伝導的精神は少しも止まりませぬ、益々此事業を努めて宗門を引立てねばならぬと焦りに焦りました。他教に対する反抗の思は已みませぬ。宗門の萎靡して居ることが、無念で堪へられませぬ。

こうした多田の姿勢が、根本的に清沢の思索態度や行動信条に反するものであったことはいうまでもない。教団改革運動の失敗という苦い経験をもつ清沢には、大谷派教団がもつ旧い体質からは、旧態依然の護教的言説を再生産していくような人材しか生まれてこないという危機意識が誰よりも強くあった。別言すれば、改革運動の挫折を味わってなお、どこまでも教団のために尽力したいと考えていた清沢には、多田のような若い僧侶らにこそ、旧態依然の体質を打ち破る宗教家に育っていってもらいたいという、強い願いがあったのである。とりわけ「化地の道に急ぐ」傾向のあった多田に対して、そうした姿勢をきつく戒めなければならなかった一番の理由は、おそらくはそこにあったのであろう。

その多田もまた、『精神界』には精力的に多くの文章を寄せている一人である。だが、先にも述べたように、彼は清沢が亡くなる直前の明治三十六年四月には早々に浩々洞を離れ、千葉の教院に移っている。このことは、『精神界』との訣別を意味しているように思えるかもしれないが、千葉に移った後も、また清沢が亡くなった後も、当分の間、『精神界』には多くの文章を寄稿し続けているのである。そのあたりは、多田と清沢の関係のみならず、清沢亡き後も『精神界』の実質的な担い手であり続けた暁烏との関係を考えるうえでも、なかなか興味深い。

ともあれ、『精神界』に掲載されている多田鼎の文章のうち、その数が最も多いのは、第二巻一号から連載が始まっている「正信偈註」である。これは、題名が示すとおり、親鸞の「正信偈」の注釈として書かれているものなのだが、『精神界』の多田の文章には、こうした経典注釈の類が実に多い。それゆえ、それらのなかに、経典の文言の引用や、高僧の人名などが多数登場してくるのはもちろんのこと、基本的に文語体で書かれているため、これらの文章に関しては、これまで便宜的に使用してきた五つの視点から分析を行うことは困難であると考えられる。加えて、多田は「雑感」欄にも多くの文章を寄せている。しかし、それらの内容は、旅先などで心に浮かんだ感想などを書き綴ったものであるため、ここではこれら「雑感」の類についても、同じく考察の対象から外さざるを得ない。そうなると、『精神界』に掲載されている多田の文章のうちで、文体的・思想的観点から分析や考察が

表4　多田鼎執筆文の文体及び思想傾向

巻号		タイトル	欄	記名者	イ	ロ	ハ	ニ	ホ
一巻	一号	自任の人	講話	多田	○	○	○	○	
		信するは力なり	講話	清沢	○	○	○	○	○
	四号	*遠美近醜*	講話	清沢	○		○	○	○
	五号	「経国済民」、「利他博愛」	解釈	多田	○	○			○
	十二号	直心は是れ浄土なり	講話	多田	○	○	○		○
三巻	三号	ネクルドッフ	講話	多田	○	○	○	○	○

＊タイトルが斜体で示してあるのは、清沢の名前で多田が「成文」しているものを表している。

可能なものはそれほど多くないことになる。しかも、ある程度の分量をもったものとなると、その数はかなり限られたものになってきてしまう。

　本書で取りあげるのは、多田が清沢の名前で成文しているものを含め、具体的には以下の六本、すなわち、「自任の人」（一―一）、「信するは力なり」（一―一）、「遠美近醜」（一―四）、「「経国済民」、「利他博愛」」（一―五）、「直心は是れ浄土なり」（一―十二）、「ネクルドッフ」（三―三）の六本である。[12]なお、**表4**中でタイトルが斜体で表示してあるものは、多田が清沢の名前で「成文」していることがわかっているものである。

　上に示した分析結果を見てすぐに気がつくのは、一人称表現に「吾人」が使われることは決してないということであろう。このことは「絶対他力の大道」を編集する際に、「吾人」をわざわざすべて「我等」に書き換えていることなどからしても、「吾人」を使わないそれなりの理由があったものと推察される。また、聖典などからの引用や人名に言及する頻度が高いことも、多田の文章スタイルの一つといえそうである。後年、信仰の「動転」を経験したことを機に、多田はそれまでの恩寵主義と訣別して、聖典至上主義の立場をとることになるのだが、それ以前から彼は仏伝の研究を志していたといわれている。このことは、多田の語り口に、若い時分から先人の口を通して真理を語らしめようとする傾向の強かったことを意味しているのではないか。つまり、もともと見られたそうした性向が、彼に必然的に引用文の多い文章を書かせたというふうに理解できるのではないだろうか。

ほかにも、多田の書く文章の思想傾向としては、伝道者風の強請的な口ぶりが目立っていたり、恩寵主義的な思想への過度の傾きが見てとれたりなど、清沢の書く文章一般に見られる傾向とは、かなりの違いが指摘できる。

こと強請性という点に関していえば、この時期に書かれた多田の文章が、事実そうした傾向を強く示していたことは、その後の多田自身の回想などからも、はっきりと知ることができる。

先生は化地の道に急いではならぬと、度々、戒められました。けれども私は其を守ることができずに、既に其前から、一伝導者を以て、自ら任じて居りました。『精神界』に手づさはつたのも其ためであつて、三十六年の春、千葉に向つたのも、亦其ためでありました[13]。

千葉に活動の拠点を移すはるか前から、自らを「一伝導者」と任じていたという多田は、『精神界』の刊行にも同じ姿勢で携わっていたことを、正直に語っているのである。そうである以上、多田が清沢の名前で「成文」しているものも含め、彼の書く文章の随所に強請的な語り口が見られるのは、むしろ当然のことであると理解できよう。

恩寵主義ということでいえば、この時期の多田の思想的語りにおいて、つねに如来の恩寵が強調される傾向にあったことは、「願はくば我が昨非を語らしめよ」のなかで、たとえば次のように語られている。

私の論証の終局はいつも同じでありました。即ちいつも「是が他力でなければならぬ」、「是が御慈悲に相違ない」、「是が即ち如来である」、「是が招喚である」、「是が本願である、光明である」、「是だから自分は今大悲の中にをるのである、是だから安心してよいのである」といふ処に終はりました。

このことは、これまでの分析からも、かなりの程度明らかにされてきているものと思われるが、実際、多田と暁烏の間には、文体的にも、思想傾向的にも、かなりの類似性が認められる。それはおそらく、彼らがともに自らを説法者と任じていたということや、東上以前から二人が清沢に真宗の宗乗を味わってもらいたいと意気投合して語り合っていたことなどとも、大いに関係しているであろう。

ところで多田は、信仰上の「動転」を機に、それまでの恩寵主義的な理解に基づく「精神主義」を捨て去るとともに、清沢の思想をほぼ全面的に否定して、聖典至上主義という独自の立場を鮮明にしていくことになる。けれども、そうしたドラマティックな思想上の転回は、実のところ彼自身によって作り上げられた恩寵主義に基づく「精神主義」の虚像の崩壊によってもたらされたものにほかならなかった。ところが、あろうことか、多田は、そこに清沢の「精神主義」の限界を見てとったのである。その意味で、彼は師の「精神主義」の理解において二重に過ちを犯してしまっているといって過言ではないであろう。

三　佐々木月樵の文と思想

暁烏や多田とともに浩々洞の三羽烏と称された人物が佐々木月樵である。暁烏、多田、佐々木の三人は大谷中学時代からの同級生ではあったが、佐々木と多田は、暁烏よりも二歳年上であった。ただ、浩々洞での存在感という点では佐々木は三人のうちで最も目立たない存在だったといっていいかもしれない。というのも、彼には「精神主義」を派手に鼓吹するような言動も見られなければ、清沢との出会いから死別までの思い出や、当時の浩々洞の様子などについても多くのことを語っていないからである。

とはいえ、学問研究の目的や方法に関して、佐々木が清沢の指導を仰いでいたことは確かで、[14]個人的には、多田や暁烏らの思想的な行き過ぎなどにつねに気を配り、年長者として二人にひそかに忠告を行う場面もしばしばあったようである。さらに彼は、清沢の死から六年後に、「他力信仰論の概念化するを排す」と題する論文を認め、『精神界』に発表している。そのなかで、直接に名指しこそしてはいないものの、明らかに暁烏や多田が示すような他力思想の理解に対して根本的な批判を展開しているのである。

三羽烏のなかでの存在の目立たなさは、良くいえば佐々木の思想の堅実さ、野心のなさによるところが大きいと思われる。そうした性格は、三人の東上話が暁烏から持ち上がったとき、多田がすぐさま同意したとされるのに対し、佐々木は最初その計画に興味を示さなかったといわれているあたりにも垣間見ることができるかもしれない。仏教研究者として身を立てていくことを志し、「一乗教」を研究題目と決めて、すでに京都の大学に願書まで提出していた佐々木に、卒業後の進路を変えさせてまで東京行きを説得したのは、暁烏と多田の二人の友人であった。『精神界』を中心とした思想・言論活動に携わるようになるまでのそうした経緯も、二人の積極的な姿勢とは対照的に、彼がつねに沈着冷静な思想的スタンスを保ち続けることのできた一つの要因だったと考えられる。

ところで、佐々木が清沢の講話の「成文」を担当しているのは、記録上では『精神界』二―八掲載の「天職及聖職」だけである。見てきたように、暁烏や多田の書く文章には、文体上にも思想上にも彼ら独自の性格が強くあらわれているといえるが、佐々木の文章には、思想的な傾向性ということでいえば、強請的で押し付けがましい口調や、恩寵主義的な思潮はほとんど見られない。そうした点からしても、佐々木の思想には暁烏や多田らのそれとは明らかに異なる性格を指摘することができる。

また、文体の面でいえば、常体文と敬体文の併用は、佐々木の場合にも「講話」文を中心に時折見受けられはするものの、暁烏や多田と比べれば、決して多いとはいえない。逆に、経典類からの引用や仏弟子・高僧等の人名への言及に関しては、佐々木の書くほぼすべての文章において認められる。そこには、長い間、『精神界』誌上に「親鸞聖人伝」を発表し続けているのと並行して、『維摩経』『楞伽経』『華厳経』へと視野を広げつつ、「仏典の人格」ということについて深く追究していった学究の徒としての姿勢が如実にあらわれているといえよう。宮城顗がいうように、そこには「端的に如来の恩寵をうたう恩寵主義とは異った一種学的な雰囲気(15)」を見てとることができるのである。

次頁に掲げた**表5**は、創刊号から第三巻六号までの間に『精神界』に掲載された佐々木の文章から、「親鸞聖人伝」のような連載ものを除いた、論説や講話の主要なものについて、思想的傾向や表現上の特徴など五つの観点から分析を試みた結果をまとめたものである。なお、タイトルが斜体で示してあるものは、佐々木が清沢の名前で「成文」したことがわかっているものである。

『精神界』九―一に、あえて「他力信仰論の概念化するを排す」という一文を発表せざるを得な

表5　佐々木月樵執筆文の文体及び思想傾向

巻　号	タイトル	欄	記名者	イ	ロ	ハ	ニ	ホ
一巻　五号	別天地	講話	佐々木	○	○	○	○	
六号	力を尽して時を待つべきこと	雑纂	佐々木	○	○	○		
七号	無善無悪	解釈	佐々木	○	○			
八号	職業	講話	佐々木	○	○			
九号	白露金風	雑纂	佐々木	○	○			
十号	宗教の本体に関する見解	論説	佐々木	○	○			
十一号	友情論	論説	佐々木	○	○			
二巻　一号	工画師	講話	佐々木	○	○			
八号	*天職及聖職*	講話	清沢	○				
三巻　一号	師弟論	論説	佐々木	○	○			
三号	親子論	論説	佐々木	○	○			
四号	成功の人生	講話	佐々木	○	○	○	○	
五号	実験の宗教	講話	佐々木	○	○	○		
六号	中心の循環	講話	佐々木	○	○	○		

＊タイトルが斜体で示してあるのは、清沢の名前で佐々木が「成文」しているものを表している。

かった背景には、清沢の死後、「精神主義」の名のもとに喧伝される思想が、過剰なまでに恩寵主義の方向へ偏重していることに対する強い危惧があったものと想像される。この論文のなかで「絶対他力の信仰は、唯一の親に帰するの信仰であつて、至心信楽己れを忘れて無行不成の願海に帰することはたしかである」と述べている一方で、そのありさまは「如来」と「我」とが一になるというよりは、不二といったほうが適切であるとも論じている。他力信仰において、「我」が「無行不成の願海に帰する」ことに疑いの余地はないとしても、それはあくまで「不二」なるありようで帰するのだ、ということを強調せんとする佐々木の「精神主義」理解の背景に、他力信仰の味わいのなかで「我」という主体をいとも容易く消散させてしまう暁烏らの思想傾向に対する強い批判意識があったことはいうまでもない。別言すれば、浩々洞の門人のなかにあって、一種独特な「学的雰囲気」を漂わせる佐々木の思想は、いたずらに理性を排して感情的に如来の恩寵の「味はひ」をありがたがる思想とは、根本的に相容れないものだったということである。[16]

ただ、研究者の誠実な態度をもって「仏典の人格」の研究に取り組んでいた佐々木の思想は、堅実である反面、やや面白みに欠けていたといえなくもない。だが、そうした面を差し引いても、友人の安藤が評しているように、佐々木の押さえる「精神主義」は、如来の恩寵ということを認めつつも、恩寵の方向だけに安易に流されていくことをよしとしない重層性を有していた。その点で、清沢の「精神主義」の「正統」な後継者の一人と目されていいであろう。

そこで、佐々木における「精神主義」の思想的特徴がいっそう浮き彫りになるように、『精神界』三―六掲載の「中心の循環」と題された講話を例に、その思想の核心にさらに深く迫ってみたい。

この講話文のなかで、佐々木は「今最も誤解に陥り安き所は、その一切皆な絶対他力の然らしむ所、何事も如来の大用といふ点である」と前置きしたうえで、絶対他力の信仰が必然論や運命論とは「最も非なるものである」といった見解を披瀝している。それによれば、「人間は飽迄主我主義的なものである」のだから、たとえ自己中心的であることがよくないことだと自覚されたとしても、「全然自己を脱却して、我精神及び行為の中心を自己已外に置くこと」はできないとされる。そしてこの講話文の結論部分は、次のような言葉で結ばれる。

要するに、私共が精神及び行為の中心は、先づ自己に発し、一転して他人に移り、茲に再転して如来に入り、更に三転して自己中心に復帰するものである。私共は、是に至つて初めて不動の安心を得、永遠常住の光に接して、歓喜の生活を送り、長へに、大悲の恩沢に沐浴することが出来るのである。[17]

このように、佐々木によって紡がれる「精神主義」の思想では、「不動の安心」「歓喜の生活」「大悲の恩沢」などといった表現が見られはするものの、自己を完全に脱却した境涯に身を置き、「何事も如来の大用」であるとするような安直な開き直りは、決して容認されてはいないことがわかる。

このようなアンビバレンスを内包させた微妙なバランスの上に語られる佐々木の思想を恩寵主義と呼ぶのは適当でない。同じようなアンビバレンスは、清沢の「精神主義」の語りにも見られるものだが、ここであらためて如来の恩寵ということについての佐々木の語りがどのようなものであるか、その特徴がさらに鮮明になるよう、恩寵についての暁烏敏の語りのいくつかを紹介しておきたいと思う。暁烏が『精神界』三―五に発表している講話に「活路は開かれたり」という一文がある。その最終段落の結びの言葉は、恩寵主義の香りをとりわけ強く漂わせるものとなっている。

友よ、我等は不平を云ふまじ、嘆息もしまじ、常に如来の慈光に触れて開かれたる活路を行かん。ああ行かん、開かれたる大道。ここに花匂へり、ここに鳥歌ふ。ああ行かん、如来慰籍の手の導く儘に。(18)

最後の、「如来慰籍の手の導く儘に」といった表現などは、「最も誤解に陥り安き所」として、佐々木が警鐘を鳴らす必要を感じた表現そのものではないだろうか。

また、「獅子奮迅三昧」と題された文章のなかで、暁烏は「如来の命令なりと信したる事は徹頭徹尾貫通せざるべからず」としたうえで、次のように発言している。

盗を為すことを以て、自己の聖職なりと信ずる事を得て安心に盗を為し、之が為めに社会の制裁を受くるも平然たることを得とせば、盗を為すことを敢て不可とせず。人を殺すことを以て、自己の聖職なりと信ずる事を得て、安心に人を殺し、之が為めに国家の法律に問はるるも潔きを得るとせば、人を殺すこと敢て不可なりとせず[19]。

これなども、佐々木や清沢らの、薄氷を踏むような、微妙なバランスの上に紡がれる言説や論理の組み立てと比べるまでもない。何故に佐々木は「他力信仰の概念化」について公に懸念を表明せざるを得なかったのか。こうした暁烏の言葉に代表される他力信仰の理解や語り口に触れれば、その理由も自ずと頷けるというものであろう。

まとめていえば、要するに暁烏や多田らが鼓吹する「精神主義」理解に対する佐々木の批判は、恩寵主義の一元論に帰着する彼らの思想が、世俗の生活において、結局のところ何をしても構わないといった必然論や運命論に陥るしかないことへの根本的な批判であったと見てよいであろう。

四　安藤州一の文と思想

最後に安藤州一の人物像と、彼のもつ文体や思想的傾向について触れておきたい。

安藤が真宗大学を卒業したのは、三羽烏と同じ、明治三十三年七月のことである。したがって、四人は大学時代の同級生ということになる[20]。ただ、年齢的には、安藤は佐々木、多田よりも二歳、暁烏よりも四歳年上である。

だが、安藤が正式に浩々洞に加わったのは、四人のうちでは最も遅く、三人が東上した約二年半後に、晴れて浩々洞に入洞している。そのため、清沢と直接交流することのできた期間は、実質半年にも満たない短いものであった。けれども、穿った見かたをすれば、そうした浩々洞と安藤との間の微妙な距離が、かえって浩々洞でのさまざまな人間模様を、冷静な客観的視点で語ることを可能にしたともいえるのではないか。清沢の死後、程なくして安藤は『清沢先生信仰坐談』（浩々洞出版部、一九〇四年）という本を出版しているが、この本の端々からは、三羽烏らにもまして、清沢と安藤の間に濃密な信念の交流があったことがひしひしと伝わってくる。

しかし、何がいったい晩年の清沢との間のそのような濃密な交流を可能にし、濃密な人間関係を築くことを可能にしたのか。そのあたりの事情は、彼自身が抱えていた人生の深い苦悩、深刻な心の闇と関係していると思われる。

安藤は二十七歳の時、大学卒業前の一年間、福山の最善寺という寺に婿養子に入っている。このことが、彼の上京を遅らせた直接の理由でもあったわけだが、寺に婿養子に入る条件として、彼は養子先と大学卒業後も十分に学問をさせてくれるよう約束を交わしていたらしい。ところが、いざ大学を卒業してみると、大学院に入ってはならぬ、寺に留まって法務に従事せよと、養子先から強く迫られ、そのことによってますます学問研究に対する思いを募らせていった彼は、最後には発狂寸前の状態にまで追い込まれたというのである。思い余った彼は、養父母や妻の強い反対を押しきって寺を飛び出すことになるのだが、そうした行動は、当然のことながらたちまち離縁話へと発展していくことになる。しかも、ただの離縁話なら、養家の側も安藤自身も、双方まだ諦めようもあったであろう。この離縁話が、双方にいっそう深刻な事態を突きつけることになったのは、今まさに離縁しようとしている妻に、懐妊の兆候のあることがわかったからである。

そのときの模様を、安藤は次のように綴っている。

これには養家も私も困り果てた。しかし他人の苦悩は分らぬが、私自身の苦悩は頗る深刻であった、寺院生活には思ひ残すことは無い、しかし自分は我子の保育の義務を尽さぬ、自分の妻を棄て行かねばならぬ、これが私の苦悩である、責任煩悩の猛火に焚かれる重盛の問題が今私の身上に湧いて来た。然るにこの問題に対して、私の苦悩を解決して呉れる人が無い、通り一遍の説教はして呉れるが、私の罪悪感を洗ひ清め、責任煩悩を打消して呉れる人に出遭はぬ。私は道徳問題に泣いて居る、こんな時に道徳の話をして呉れるのは、一層私を苦しめることになる。此時に清沢先生に出遭ふたのである。[21]

ここに述べられていることからわかるのは、清沢との出会いにおいて、安藤と他の三人の門人との間には、決定的な違いがあったということであろう。安藤が清沢に対面したのは、このときがはじめてではなかったはずである。けれども、このときの出会いは、真に「私の苦悩を解決して呉れる人」に出会ったという実感を伴った「出遭い」として、安藤にとってはまったく新たな出会いであったと想像される。

現実生活の汚濁を嫌い、妻子を棄ててまで単身上京する道を選んだ安藤は、東京に移転したばかりの真宗大学の大学院で念願の研究生活を始めている。同じ年の明治三十四年の真宗大学要覧には、大学院での彼の研究事項は「支那文学と仏教との関係」と記されている。[22]清沢は晩年、時折『論語』などの中国古典の言葉に言及することがあるが、あるいはそこに中国の文学を研究テーマとしていた安藤の影響があったのかもしれない。

表6　安藤州一執筆文の文体及び思想傾向

巻号	タイトル	欄	記名者	イ	ロ	ハ	ニ	ホ
一巻　十二号	予が今日の信仰に至りし過程	雑纂	安藤	○	○			○
二巻　一号	信仰は英雄崇拝に非ず	雑纂	安藤	○	○	○		
六号	憂ふる時	講話	安藤	○	○			
九号	*倫理以上の安慰*	講話	清沢	○	○	○		
十一号	瞬時のおそれ（上）	雑纂	安藤	○	○	○		
十二号	瞬時のおそれ（下）	雑纂	安藤		○	○		
三巻　一号	活動主義の三転	講話	安藤	○	○	○		

＊タイトルが斜体で示してあるのは、清沢の名前で安藤が「成文」しているものを表している。

安藤は、三羽烏のなかでも、佐々木とは特に親しい関係にあったようである。彼は佐々木のことを「正統と名づけたい心地がする」と高く評しているけれども、そこに安藤自身の思想と共鳴し合うものが多分にあったであろうことは、想像に難くない。そして、実際、そのことは『精神界』に寄稿している安藤の文章に認められる思想傾向からも客観的に裏付けることができるように思われる。

上に掲げた**表6**は、『精神界』に掲載されている安藤の「講話」や「雑纂」について、それらに見られる文章表現上の特徴および思想的傾向を、第二章で示した五つの視座から分析したものである。この分析結果を見れば、言葉遣いや思想的な傾向において、佐々木の文章がもつ特徴といかに似通っているかは、一目瞭然であろう。

安藤と佐々木に共通する、恩寵主義一辺倒には決して偏ることのない思想的語りの好例としては、「瞬時のおそれ（上）」を挙げることができる。このなかで安藤は、子供が悪夢に襲われたりした場合、あるいは病に遇うとか、妻子の死に立ち会うとか、さまざまな世上の激変に遭遇したときなど、人は「瞬時のおそれ」を抱いてしまうものだと述べたうえで、次の論を展開している。

> けれども、我身は如来の懐に居り、其威神力の導きに預り居ること

に気がついた時、瞬時のおそれは忽ち晴れて、如来の威神力に対する偉大なる感謝となつて来る。

この瞬時のおそれは、如何なる聖人と雖も、如何なる偉人と雖も、免るることが出来ぬと思ふ。(23)

このように安藤は、たとえわが身が「如来の懐に居り、其威神力の導きに預り居ることに気がつ」き、「如来の威神力に対する偉大なる感謝」をもつことができたとしても、有限な人間にとって「瞬時のおそれ」はつきものであると主張する。こうした考えかたが、有限な自己のありようを脱却して、自己の精神や行為の中心を「自己已外に置くこと」はできないとする佐々木や清沢の「精神主義」の考えかたに共鳴し合うものであることは論を俟たない。


ただし、『精神界』一―十二に寄せている「予が今日の信仰に至りし過程」には、唯一、恩寵主義的な傾向を見てとることができる。もっとも、のちに安藤はこの頃の自身の信仰を振り返り、それが「解脱の為めの一元論」であったことを率直に認めている。そこには、妻子を棄てて上京してきたばかりの彼が、「一切の責任を如来に任せ奉りて、重荷を卸して如来の恩寵を感謝する、私は如来の仕事を盗まぬ」という師の言葉に触れたことで、かろうじて「唯一の慰安」「唯一の解脱」を見出すことができたという、当時の抜き差しならぬ深い苦悩が、相当程度、反映されているものと思われる。(24)

安藤が『精神界』にはじめて執筆・発表している文章に、「解脱の為めの一元論」的な思潮が見てとれるのは、上京直後の精神状況がダイレクトに反映されているからだと考えられるわけである。


文体上の特色に目を向けると、「瞬時のおそれ（下）」のなかで、一人称表現に「吾人」が用いられていることは注目に値する。前号で発表されている「瞬時のおそれ（上）」の一人称表現には「我等」が使用されていたからである。見てきたように、多田の場合、編集の段階で「吾人」をすべて別の表現に差し替えているわけだが、「瞬時のおそれ（下）」では、「吾人」が堂々と使われている。このことは、編集上の基本方針として「吾人」の使用を避けるということが徹底されていたわけでないことを示していよう。(25)

安藤の思想にしても、佐々木と同様、語りにおける強請性や恩寵主義への傾きは基本的に免れているといえる。その点で、暁烏や多田の思想とははっきりと一線を引くことができることは明らかである。加えて、暁烏や多田らの「精神主義」の思想的な問題性を、晩年の清沢に接した自らの経験から厳しく批判しているという点においても、安藤州一もまた、清沢の「精神主義」の正統な継承者の一人と位置づけられていいであろう。

註

（1）「精神界」欄には毎号五本から十本程度の文章が掲載されている。しかし一定の分量をもって書かれているのは、冒頭に掲げられた一本だけで、それ以外のほとんどは小文にすぎない。そのなかには暁烏敏のものも多く含まれるが、いずれも短文であるために文体的特徴や思想傾向の分析には不向きであると考えられるため、ここでは冒頭論文以外のものは取り扱わないことにする。

（2）『精神界』に掲載された「精神主義と性情」を読んだときの清沢の反応を、暁烏は次のように記述している。

先生はその時に京都にをられた。京都の先生の知人が、これは先生の筆になつたものと思ひ、今度の『精神界』には随分ひどい事を書きましたなと言はれたさうである。そこで先生がその文を読んで見らるると、その文中には、姦淫したき者は姦淫せよ、強盗したき者は強盗せよ、如来はそのままに救済したまふのである、などとあるので、先生も一寸驚かれたやうである。随分諸所から種々の批難が来る。直ちに私への文に、あれで悪くはないけれど言ひ方が極端だといふやうに言うてよこされた。その後、その批難が来ると、先生は何にも言はないで、これが弁護をしてをられた。ここが先生の偉い所である。

（暁烏敏「清沢先生の信仰」〈『涼風学舎版暁烏全集』第八巻、一九七九年〉四七六頁）

（3）吉田久一『吉田久一著作集四　日本近代仏教史研究』（吉川弘文館、一九五九年）二六六頁。

（4）金子大栄は「自覚──清沢満之先生を憶う──」（『親鸞教学』第三号、一九六三年、三頁）のなかで、清沢にも、気の向くまま、心の欲するままに、「なにをしてもよい」といった恩寵的な側面が指摘できることに関して、次のように論じている。

その「どうなってもよい」という信念から現われるものは「なにをしてもよい」ということであろう。「ただ自分の気の向ふ所、心の欲する所に順うて、これを行ふて差支えはない。其の行が過失であろうと、罪悪であろうと、少しも懸念することはない。如来は、私の一切の行為に就いて責任を負ふて下さることである」。それはいかにも放逸無慚のように思われぬでもない。されど、ここにのみ真の自重・自由があるのであろう。「如来が一切の責任を負ふて下さる」という有難さを感ずるものは、すべてを自己の責任と感ずるこころの翻転である。そこに全責任と無責任との一致とでもいうべきものがあるようである。したがって、その自主・自由の行為こそは分限の生活というもののほかないことになるのであろう。そこに精神主義というものがある。それは時と処とに応じて、自身のなしうべきことをなすのほかないということである。

いうまでもなく、暁烏の「精神主義」にあっては、金子のいうところの「自己の責任と感ずるこころの翻転」「時と処とに応じて、自身のなしうべきことをなすのほかない」といった、思想的な転換については一切言及されない。その点で、暁烏の思想には、つねに「放逸無慚」と受け止められかねない可能性が孕まれていたといえる。

（5）暁烏敏「浩々洞と『精神界』」（『涼風学舎版暁烏全集』第二一巻、一九七九年）二一二頁。

（6）同、二二四頁。

（7）このことに関連して、宮城顗は、暁烏も清沢も「同じく如来の恩寵を讃えるのではあるが、しかもその恩寵は、暁烏にあっては「煩悩のままに」であり、後者に於ては「煩悩にも拘わらず」であった」（宮城顗「浩々洞」〈『清沢満之の研究』教化研究所、一九五七年〉三五六頁）と論じている。

(8) 暁烏は、『精神界』九―五に収められた「罪悪も如来の恩寵也」(一九頁)で、自らが抱いていた恩寵主義を、「ぼんやりと味ははるる一元論的の味はひ」であったと振り返っている。
(9) 久木幸男『検証 清沢満之批判』(法藏館、一九九五年)一五五頁。
(10) 暁烏によれば、ある時、清沢の前席で講話をした多田鼎が、同じ講話会で清沢からきつく叱られたことがあったという。その席で多田が話したことは、善だの悪だの、申訳が立つだの立たないだのといった内容であった。清沢は壇に上るなり、学生なども多くいる前で、「今、多田君があんな事を云つたが、あれは皆な嘘ぢや」と言い放ったという(『法藏館版全集』Ⅷ―二七五頁)。
(11) 多田に対して同じような観点から叱咤を与えていたのは、清沢だけではない。稲葉昌丸なども、そうであった。多田は『精神界』十四―十一で発表している「願はくば我が昨非を語らしめよ」のなかで、こう述懐している。
　稲葉先生は、私が曾て京都に参つて、恩寵の思想を、傍らに人なきが如くに陳べ立てた時に、是はえらい哲学ぢやなというて笑はれましたが、五六年後の今日になつて、漸く其が厳しい叱咤であつたことを思ひ出します。
(12) ところで、ここに挙げたもののなかに「精神界」欄に掲載された論文は一本も含まれていない。なぜなら、無記名で発表された当欄の論文のどれが多田によって書かれたものであるかについて、それを確定する証拠が残されていないからである。これについては、以下で扱う佐々木、安藤の二人についても同様である。
(13) 多田鼎「願はくば我が昨非を語らしめよ」(『精神界』十四―十一)。
(14) 佐々木月樵「清沢先生の『扉之自誡』」(『精神界』七―六)。
(15) 宮城顗「浩々洞」(『清沢満之の研究』教化研究所、一九五七年)三六二頁。
(16) 安藤州一「浩々洞の懐旧」によれば、佐々木と多田との間では、しばしば会談の場ももたれていたようで、そのことを通じて佐々木は「真理よりも感情が主である」多田の心境を「開展」せんと努めていたようである。
(17) 佐々木月樵「中心の循環」(『精神界』三―六)。
(18) 暁烏敏「活路は開かれたり」(『精神界』三―五)。
(19) 暁烏敏「獅子奮迅三昧」(『精神界』二―十二)。

(20) 正確には、暁烏が大谷中学に編入した明治二十六年の時点で、佐々木は暁烏と同級、多田は一級上(二十七年の夏に喀血して一年休学したために中学五年次以降に同級となる)、安藤は大谷中学ではなく大学寮の専門別科の学生であった。安藤の在籍していた大学寮の専門別科は、その後、大谷派の学制改革により大谷中学と統合されて第一中学寮となったために、彼らは一時期同じ学び舎で学んでいる。
(21) 安藤「浩々洞の懐旧」二三四頁。
(22) 『関根仁応日誌』第四巻(真宗大谷派教学研究所、二〇〇九)。
(23) 安藤州一「瞬時のおそれ(上)」(『精神界』二―十一)。
(24) 安藤「浩々洞の懐旧」二四四頁。
(25) たとえば『精神界』にも多く文章を寄稿している斉藤唯信などは、一人称表現に「吾人」を用いている。

第四章　清沢満之の「精神主義」
——暁烏敏との関係を中心に——

一　「精神主義」再考にあたって

前章までの考察で明らかになってきたことは、一般に清沢満之の「精神主義」として理解されてきた思想には、最初期の段階から門人らの思惑が入り混じるかたちで称揚されてきた面があるということである。とりわけ、晩年の清沢に身近で接してきた暁烏敏の思想は、彼が生涯、清沢を師と仰ぎつつ「精神主義」を鼓吹していった事実とも相俟って、清沢亡き後の思想界・言論界において大きな影響力をもつものであった。しかしながら、清沢の思想における哲学的・理性的語りを排して、もっぱら如来の恩寵を称えようとした彼の思想は、現実の社会に対する批判的視座をもち得なかったがゆえに、現状をまるごと肯定する思想以上のものとはなり得ず、やがて、大正、昭和という時代状況を経て形づくられてくる、いわゆる戦時教学を、清沢満之という名の権威を借りて、根底で支えていくことになったと考えられる(1)。

清沢が唱導したとされる「精神主義」の思想に対して、これまで長い間、根本的な懐疑の目が向けられてきた背景に、そうした「精神主義」の展開があったことは否めない。だがしかし、そうした観点からなされてきた「精神主義」の思想に対する非難の多くは、実際、門人らの思想的要素が反映されていると考えられる箇所に集中しているように思われる。というのも、清沢が書き残しているもののなかでも、晩年に『精神界』以外の媒体で発表されているものや、「精神界」欄の諸論文については、そうした観点からなされる批判的な議論は、ほぼ皆無に等しいといえるからである。(2)

しかし、問題含みの思想的要素を、すべて特定の門人らの野心や未熟さのせいにしてしまうことで晩年の清沢をめぐる諸々の思想的問題がきれいに片付くかといえば、そう簡単には事は済まないのではないか。『精神界』のうち、思想的に問題があるとされてきたものの大半が、清沢のチェックを受けぬまま門人らによって「成文」されている、もしくは編集の段階で加筆・修正が加えられている可能性が高いとはいえ、そうした状態を黙認し、放置してきた責任は、やはり清沢自身にあるといわねばならないように思えてしまうからである。

浩々洞での共同生活のなかで、清沢が門人たちの思想活動や生活全般にどの程度まで口を挟み、どの程度黙認していたかについては、不明なところが多い。けれども、『精神界』の編集および出版活動に関していえば、ほとんど門人たちの自主性に任せきっていたことは確かで、そのことを間接的に示すエピソードや、清沢自身の発言などには事欠かないのが実情である。

それにしても、どうして暁烏や多田は、彼ら自身の思想にほかならない「精神主義」を、清沢満之の名前で堂々、世間に発表していくことができたのか。その理由についてより深く知るには、「教育」ということに対して、清沢がどのような理念を持っていたのかということにまで立ち返り、外堀を埋めていく作業が必要になってこよう。

二　清沢満之と暁烏敏——師弟の出会い

暁烏敏が清沢満之とはじめて対面したのは、金沢の中学から京都の大谷中学に編入してきた明治二十六年九月のことであると記録されている。このとき暁烏はまだ十七歳の少年であった。

暁烏の書き残している回想文の一つ、「清沢満之先生小伝」には、当時の様子が詳しく回顧されている。それによれば、転校直後の英語の授業で、彼はテキストの解釈を清沢に指呼され、大きな声で「わかりません」と答えたという。そのときの感想を、清沢は同僚の今川覚神に「金沢から妙な学生が来た」と漏らしていたようだが、暁烏は、「何事でも先生の前にはつきり申し上げることを、常に喜んで下さつた」し、爾来、「清沢先生は終生この時の私を常に目前に見て愛してくださつた」[3]と綴っている。ちなみに暁烏は、東京帝大出の文学士清沢満之の名声について、この出会いから二、三日後に今川覚神に知らされるまでは、まったく知らなかったらしい。

とにもかくにも、そうした印象的な出会いから、その後十年間に、暁烏を中心にした「精神主義」の思想活動が展開されていく人間関係の基盤が形作られていったことは確かである。奔放で型破りな教え子と、それを温かく見守る師という人間関係。そのなかで、暁烏は自由に伸び伸びと行動していくことでますます宗教家としての自信を深め、清沢は清沢で、小さな型にはまることなく、己を研鑽していこうとする教え子の姿勢を素直に喜ぶ。そうした二人の関係の安定した土台が、この時の出会いを礎に築かれていったものと考えられるのである。

しかし、教壇上の清沢と、真宗中学の一生徒としての暁烏との最初の交流は、明治二十六年九月から翌年の一月までの間の、五ヵ月にも満たない短い期間にすぎなかった。この冬に体調を崩した清沢は、六月には結核療養のために職を辞し、須磨に居を移しているからである。

教師の職を辞すると同時にしばらく京都の地を離れていた清沢が、再び京都に戻ってくるのは約二年後のことで、一連の宗門改革運動がきっかけであった。このとき、京都の白川村に居を構えて、江戸時代以来の宗門の旧い体質を改革することに全精力を注いでいた清沢のもとを、学生であった暁烏は、応援のために何度か訪ねている。そして実際、清沢らに先導された宗門改革運動に賛同したという理由で、暁烏を含む学生百余名が退学処分を受けてもいるのである。学生に下されたこの厳しい処分は、明治三十一年一月の英照皇太后の崩御を機に解かれることになるのだが、百余名の学生のなかに、佐々木、多田、安藤、曾我といった、数年後に浩々洞の屋台骨を担うことになる人物が多く含まれていたことは見逃がせない。

ところで、清沢一派による一連の改革運動が盛んであった明治三十一年五月に、暁烏は雑誌『無尽灯』に「新信仰の告白を促す」と題する檄文を寄せている。そのなかで、宗門改革運動の先頭に立ち奮闘する清沢を、次のように評している。

われらは村上専精氏の仏教史の論を読み、南条文雄氏よりは梵語の解釈を承り、清沢満之氏よりは大谷派事務改革の声をきけり、されど未だ一度も氏等の信仰告白文を読むを得ざりし。（中略）されどわれらは未だ嘗て氏等が新思想と調和したる信仰を天下に表白して愚者の迷夢を醒ませしを聴くを得ざるなり。ただ清沢氏の『宗教哲学骸骨』の一偏ありて聊か導くあるも、われらは未だこの書に依りて氏が信仰を知り得ざるは口惜しき。[4]

この檄文のなかで暁烏は、村上専精や南条文雄といった、宗門の偉大な先師の業績に言及しつつ、清沢の『宗教哲学骸骨』にのみ、唯一「聊か導くある」ものがあると、一応の評価を与えている。しかしながら、そこにはいまだ「愚者の迷夢を」醒まさせるような信仰の告白はなく、仏教界の停滞、仏教の信仰の渾沌たる現況を打破するには、青年仏徒が断然と立ち上がって内外一致した信仰的団体を組織する必要のあること、「彼等が各々自督の信仰を天下に発表して精神的心霊的大団結を造る事」[5]の必要を、声高に叫んでもいるのである。

ここに表明されている暁烏の理念は、二年と数ヵ月後に、『精神界』の刊行というかたちで実を結ぶことになるのだが、やがて「精神主義」をめぐって取り沙汰される諸問題の芽は、こうした暁烏の思想のうちにすでに見え隠れしているともいえるであろう。研究や哲学・思想を通じて仏教界の改革に地道に取り組んでいくといった方向ではなく、青年仏徒が各自の自督の信仰を天下に表白することで、愚者の迷夢を一気に醒まさせんとする道をとるべきだ、とする暁烏青年の発想は、『精神界』での彼自身の言論活動のスタンスにしっかりと受け継がれていると見られるからである。

ただ、ここで高らかに青年仏徒による信仰的団体の組織の必要を説く暁烏も、一僧侶として「明治の新思想」と調和した信仰を天下に表白する団体を、数年後に自らが中心となって組織し運営することになるとは、この時点では予想していなかったようである。

東上前の暁烏には、二つの夢があった。一つは、「東京で仏教の術語をぬきにした平易なそして高尚な仏教雑誌を発行する」[6]夢であり、もう一つは、これから起こることが予想されるロシアとの外交問題を見据え、外交官になるという夢であった。これら二つの希望を実現させるべく、暁烏は大学卒業前に大谷派本山の当局者に直接掛け合い、東本願寺から正式に東京留学の命を受けている。そして東上後すぐに、外国語学校の露語別科に入りロシア語の勉強を始めてもいるのである。

暁烏に二つめの夢を断念させたのは、ほかならぬ清沢であった。このことは、浩々洞での共同生活や、雑誌『精神界』の行く末に、少なからず影響を及ぼしたものと想像される。外交官になるという夢を諦めさせるのに、清沢はわざわざ、事務総長の石川舜台に直談判までしているのだが、このときの情熱たるや、『精神界』の出版・編集活動を門人らに任せきりだったのとは、まったく別人のもののように感じられるほどなのである。清沢の願いはただ一つ、暁烏に俗人としてではなく、一僧侶として、どこまでも宗教界に身を置きながら精神の修養に努めて欲しいということであった。だからこそ、暁烏の一つめの夢に対しては積極的に賛意を示しもしたし、その夢が実現されるよう、できる限りの協力を惜しまないつもりだったのであろう。

だとすれば、この時点で清沢は、暁烏敏という一個の人間を、新都・東京の地で、新時代にふさわしい宗教者に育て上げていくという大きな使命と責任とを、自ら進んで背負い込んだことになる。

三　清沢の教育理念

教育の方面に向けられた情熱と行動力は、無論、より広い文脈では、京都にあった真宗大学を東京に移転させることで、教団の旧い体質からの脱却と転換を図ると同時に、新時代にふさわしい宗教者を養成する必要を肌身に感じていた清沢の改革熱のあらわれと受け止めることもできよう。当時、浩々洞と深い関わりをもっていた楠龍造の語るところによれば、この時期、真宗大学の学生の間に、勃然と「仏教家の因循姑息を慨嘆し、頻りに実地活動の必要なるを唱道」する「一種の元気」が起こっていたという。しかしながら、「因循姑息」を打破せんとする学生らの、「実地活動」へと逸《はや》る「元気」は、宗門改革運動の失敗を経験していた清沢の目には性急すぎる危険な兆候と映っていたようである。折しも関西仏教青年会で催された講演会の壇上で、清沢は彼らの「元気」を諫めるように、次のことを語っている。(7)

仏教では、「智増の菩薩」と「悲増の菩薩」の二種の菩薩が説かれる。これら二種の菩薩の境界に達するには、各々勇猛精進次第修行の功を積むことが肝心であるけれども、それは決して容易に達成できることではない。なのに、そうした境界にすらいまだ達していない者たちが、次第修行の必要を省みず、直ちに小智増菩薩、小悲増菩薩を以て自己を任ぜんとするのはいかがなものか、と。

「智増の菩薩」とは智慧円満の菩薩、「悲増の菩薩」とは慈悲円満の菩薩のことを指すが、要するにここで清沢は漸次次第に修行して自己を高めていく努力もなしに、いまある小さな智慧と慈悲で、すぐさま「頻りに実地活動の必要」を訴えるようなことはあってはならないことだと、青年僧侶の間に高まる気運に強く釘を刺しているのである。

理想に燃える若年者にはありがちなことだが、ともすれば若者というのは短絡的な行動に走りやすい。そのことを、自身の宗門改革運動の失敗を通して身をもって知らされた清沢にとって、外交官として活躍することで、同時に宗教界にも貢献し得ると考えていた青年暁烏の夢は、とうてい達せられ難いものと映っていたのではないか。実際、ここで青年僧侶に発したのと同じ忠告を、清沢は暁烏に対しても、しばしば発していたようなのである(8)。

ところで、一時の迷い心だとしても、暁烏が俗人として活躍の場を求めたいと本気で考えるようになっていた背景には、彼なりのコンプレックスがあったのは事実である。佐々木月樵にしても、多田鼎にしても、学問の面では暁烏より上であったし、暁烏の目から見れば、同級生とはいえ、自分より年上の二人は、僧侶としても恥ずかしくない立派な人格の持ち主であるように映っていたという。加えて、彼自身が告白しているように、この時期にはすでに、そしてその後の人生においても、彼はつねに自身を衝き動かしてやまない性欲に悩まされ続けていたというのである。そのことだけでも、僧侶を任じて生きていくことを諦めざるを得ない十分な理由となり得たのかもしれない。しかし、清沢から翻意を強く促された暁烏は、自分が一僧侶として生きていく方途について次第に真剣に考えるようになっていったのではないだろうか。いったんそうと決まれば、行動力においては右に出る者のいない暁烏のことである。何としてでも自分自身のうちに、僧侶として生きていくために必要な、しかも、ほかの誰とも違う独自のアイデンティティーを見出さなければ気がおさまらない。そこで彼が自らのうちに見出したもの、それが、「慈悲の信念」だったのである。

僧侶としての資格がないと考へてゐたが、仏の慈悲の信念においては両君に譲るところがないと信じてゐた(9)。

論理抜きに声高に叫ばれる暁烏の思想的背景を云々する際に、そのような矜持が彼のなかにあったという事実を無視するわけにはいかない。「仏の慈悲の信念」においては誰にも譲らないといった強い自負から導かれてくる振る舞いは、清沢の目には「小悲増の菩薩」の振る舞いとして映ることも少なくなかったはずである。暁烏にとって信仰の表明とは、自督の信仰を表明すること以外の何ものでもなかった。そのような信仰の表明において、論理や説明といったものが必要であろうはずはない。大事なことは、各人自督の信仰表明が、いかに人々の迷夢を醒まさせる力をもち得るかというただ一点、別言すれば、説法のもつインパクトの強さ、ただそれだけにかかっていたといって過言ではなかったのである。

さらにいえば、暁烏は自らの文章力に対しても、相当な自信をもっていたようで、その方面における才覚の自覚は、彼をして清沢の文章を「つまらん文の様である」といわしめるほどのものであった。そして、現に多くの門人たちも、暁烏の文才には一目置いていたようである。[10] 暁烏にいわせれば、清沢の文章は知的に偏重しすぎていて、それではとうてい、愚民を迷夢から醒まさせることなどできない。だからこそ、浩々洞での共同生活においても、清沢にはつねに哲学的語りや論理的語りを交えず、自らの信仰を率直に語ってもらいたいと希望してきたし、自らの味わう「真宗の宗乗」の味わいを、師である清沢にも是非、味わってもらいたいと願い続けたのではなかったか。

それに対して清沢は、暁烏が酔い痴れる宗教的感動にいちいち「冷い理性の水を注いで鍛え」[11] たといわれる。このことは、一見、浩々洞内での師弟間の確執のようにも映るが、清沢にとっては、むしろ師弟のあるべき関係、あり得べき教育の一環として捉えられていた。浩々洞では、清沢を囲んで日夜議論が絶えなかったといわれる。そしてそうした議論そのものを、清沢自身、楽しんでいたと、多くの門人たちも証言している。要するに、清沢の確たる教育理念は、浩々洞の共同生活のなかで、そうしたかたちで日々、実践されていたと考えられるのである。

ところで、自由な議論を中心とした浩々洞内での教育方法は、ソクラテスが用いたとされる問答法に倣ったものであることは、清沢の晩年の文章から知ることができる。

而して、其教育の方法に於て、問答の手段に依れることと、自家無一物の態度を取れることと、問題を日常卑近の事物に寓せることとは、実に開発的教育の妙施設と感服の至りなり。教育を書冊に托し、講述に付するは、蓋し隔靴掻痒の憾なくんばあらず、書冊に存するところは常に死活相混の弊を免れざるなり、講演説述は如何に工夫を凝すも、自旨に専らにして、他意に叶はざる所なきを保し難し。唯夫れ、問難往復は以て自他を叩尽して、遺憾なきに至るを得るに庶幾きものか、精細切実なる教育は問答法に限ると云ふも不可なかるべし。而して、無一物の態度は正に此法の精神を貫徹するの妙致にあらずや。師と弟子とが同等の資格にあるにあらずば、必らず注入的の傾向に陥り、師の余智を以て弟子の悩中に強いて注入するの弊を免かれざるを覚ゆ。是れ弟子の方に於て言語文句を盲誦暗記するの止む能はざらしむる原因たるが如し。盲誦暗記の苦痛の結果、所謂死学問、活字引を養成するは決して善良の教育法にあらざるなり。無一物の師、無邪気の弟子、問難往復以て事理を討究する、是れ開発的教育に至当の方法たらずや。かくの如くして達し得られたる智識こそ、真個に真個に活動的の学殖たるを得ん。(12)

ここに引用したのは、「ソクラテスに就きて」という文章の一節である。このなかで強調されているのは、問答による教育において最も大切なのは、畢竟、師弟の間に、「無一物の師」「無邪気の弟子」という関係が保たれていなければならないということにほかならない。そうした確固たる教育理念があったからこそ、あるときは「問難往復」をもって事理に対する討究の姿勢を徹底的に鍛えもしたし、あるときは「無一物の師」として、「無邪気の弟子」の振る舞いを許しもしたのではなかったか。少なくとも清沢には、そうした無邪気な人間関係において達し得られた智識にしか、本当の「活動的の学殖」は宿らないとの信念があったことは間違いない。我々はこのことをつねに念頭に置いておくべきであろう。

四　人を信ずる

清沢と暁烏の二人の間には、ある意味正反対といえるほどの性格の違いが認められるといっても過言ではない。にもかかわらず、清沢は、一個の人間として、暁烏に生涯、非常に多くの愛情を注ぎ続けていたように思われる。それは、暁烏生来の無邪気さ、人懐っこさといった人間的魅力だけでなく、清沢の教育者としての使命感や責任感にも裏打ちされていたからだと見るべきではないだろうか。

ただ、暁烏の型破りな性格から生み出される数々の大胆かつ赤裸々な言動に、清沢が何らの不満も危惧も抱いていなかったかといえば、決してそうではなかった。そのことは、稲葉や関根ら、ごく親しい友人や、門人のなかでも限られた人間には、暁烏が喧伝するような恩寵主義的思潮に対する不満や違和感を、ひそかに漏らしていたりしていることからもわかる(13)。

また、次のようなエピソードも伝えられている。暁烏の書いた「精神主義と性情」が『精神界』一—十二の巻頭論文を飾ったとき、所用のため京都に長期滞在中であった清沢は、この一文に目を通すとすぐに、「今月号にはあんた随分思ひ切つて書いたね」と、東京の暁烏に感想の手紙を書き送っている。[14]この一文が清沢によって書かれたものだと、世人の多くが誤解したのも無理からぬ話で、「精神主義」が危険思想であるといった批判の矛先は、当然のごとく清沢に向けられてくることになる。ところが当の本人には、この一文が門人によって書かれたという事実を詳らかにして、自らに向けられる非難をかわそうとした形跡は微塵もない。それどころか、自身に浴びせられてくる謂われなき論難をも、むしろ自分自身の至らなさの結果として、一身に引き受けようとする姿勢すら見せているのである。

そうした清沢の態度が、内情をよく知る何人かの門人たちの心を強く動かしたことは事実である。たとえば曾我量深は、清沢の死から六年後の『精神界』九—六に、「自己を弁護せざる人」という一文を寄せているが、そのなかで清沢という人物を次のように描写している。

> 想へば今を去る八年の前の二月、上野精養軒に於て京浜仏徒の会があつた。当時先生の主義に関して論難甚だ盛であつた。先生則ち一場の食卓演説をなされた。要は「我々が精神主義を唱へて、諸方の高教誡に感謝の至に堪えぬことであるけれども、我々は何等をも主張するのでなく、唯だ自己の罪悪と無能とを懺悔して、如来の御前にひれふす斗りである、要は慚愧の表白に外ならぬ」、との御語であつた。その森厳なる御面容髣髴として忘るることが出来ぬ。先生の如き論理的なる頭脳を以てせば如何なる巧妙の弁護も出来たであらう、一言の弁護すらなされぬ所、此正に深く自ら慚愧に堪へざると共に大に恃む所あるが為である。我は已に如来に依りて弁護せられ終りた（ママ）ではない乎。此れ恐くは先生の確信である。私は先生に付いて第一に想ひ出すは彼の一事

である。私は則ち「自己を弁護せざる人」として先生を忘るることが出来ぬのである。[15]

八年前の二月の出来事というのだから、「精神主義と性情」が世間の議論に火をつけた、まさにその時期のことである。[16] ここで曾我が述べているように、いくら暁烏の書いた文章が引き起こした議論だったとはいえ、清沢の論理的な頭脳をもってすれば、どんな巧妙な弁護もなし得たはずなのである。にもかかわらず、あれは門人が勝手に書いたものだと弁明して、自身に向けられてくる非難をかわすどころか、方々からの非難をすべて自己への非難として引き受けようとしたというのである。

そうした清沢の姿勢が、「精神主義」に対する世間一般の誤解をいっそう増幅させる一因ともなったであろうことは想像に難くない。ただ、曾我がこのときの清沢の姿勢に大きな感銘を受けたと語っているように、門人たちに対する教育的効果としては計り知れないものがあったことはいうまでもない。

暁烏自身も、一切申し開きなどせず、世間の非難を一身に受け止めた清沢の姿勢に強く心を打たれたと述べている。[17] この出来事の後も、『精神界』の論調に対しては、方々から多く疑問の声が寄せられ続けていたようだが、安藤州一が「成文」した「倫理以上の安慰」の発表直後に、清沢の在学時に東大総長を務めていた加藤弘之から、この講話の内容について直接質問したいとの旨の手紙が送られてきた際にも、清沢は「お手紙によつて、直ぐ参上せねばならぬのですが、取込んだことがあつてまゐられず、来ていただくも恐れ多いから、宅にをる暁烏といふ男を参上いたさせますから、この男に何なりとおたづね下さい。この男の申すことはすべて私と同意見だと思し召して下さい[18]」といった内容の手紙を返信している。

教育的な見地からすれば、論争の渦中に投げ込まれることは、若い門人らにとって絶好の思想的練成の機会となったことであろう。そこには、東京に移転されたばかりの真宗大学に学ぶ学生たちの教育や、浩々洞に集う若人たちの育成に晩年のすべての情熱を注ぎ込もうとしていた清沢にとって、世人が自らをどう評価しようが、いかに名声が傷つこうが、そんなことはどうでもよいという気持ちがあったに相違ない。

そもそも清沢の考えでは、自らの意見も含め、門人らが述べ立てるどんな意見であれ、畢竟、居士の精神的自由を吐露した愚説に過ぎぬものでしかなかった。ならば、どうして彼は『精神界』という媒体を通じて世間に愚説の喧伝されることを、それらが愚説であると知りながら許したのか。それは、「我等後進ノ徒」が、「先進ノ教訓ヲ服膺スル」する道はただ一つ、各人が了解し得たことを、各人の言葉で宣揚していく以外にない、と信じていたからにほかならない。[19]つまり、『精神界』を通じての門人らの思想・言論活動は、彼らにとってまたとない修養の機会を与えてくれるものとして、清沢はそれを積極的に容認していたと理解することができるのである。門人らに対する「自由放任」「寛容の態度」は、基本的には、そうした清沢独自の教育観に由来するものと考えられる。[20]その意味で、「各人自督の信仰を天下に発表して精神的心霊的大団結を造」ろうとした暁烏の意気込みは、頭ごなしに否定されるものであるどころか、大いに促進されるべきものと捉えられていたともいえる。

ただしその場合、そうした愚説の発表が「撃ダノ駁ダノ」と他説の排撃のための一撃とされることについては、これを「精神界ノ大禁物」として清沢が強く戒めている点は留意する必要があろう。門人らに対して放任・寛容の姿勢を徹底して貫き通した清沢の思想と、排撃的・強請的な言論のありようを強く戒める彼の思想とは、これら言論をめぐる二つの信条が、清沢のなかで表裏一体のものとして両立していたことを示すものにほかならない。

五　清沢の暁烏評

このように、教育的配慮の一環として、きわめて鷹揚な態度で、門人たちが各々に愚説を世に発表していくことを容認していたという側面が清沢にあったことは否定できない。ところで、清沢は本心において暁烏敏という人物をどのように評価していたのだろうか。

入手可能な資料には、暁烏の思想に含まれる問題性に清沢自身がストレートに言及している記述は見当たらない。また、暁烏以外の門人との間にも、思想的なぶつかり合いはそれなりにあったものと推測されるが、浩々洞の門人の誰かを名指しで直接批判するような記述も、現在のところ見つかっていない。逆に、彼らに対する激励や賛辞ならば、清沢の書き残しているもののなかに、いくつか確認することができる。

たとえば、明治三十四年八月二十一日の暁烏宛の手紙には、「我が精神主義の鼓吹に熱心なる君の一挙示に接し得ることは、実に大早の雲霓も啻ならざる幸慶に御座候」[21]と綴られているし、同年十二月十九日の手紙には、「十二号の本領は空前の妙趣、特に「昌平なる生活」は非無大人独特の気炎、『精神界』の根本義を謳歌せるもの、最も歎服罷在候」[22]と、暁烏（＝非無大人）に対する最大限ともいえる賛辞が贈られていたりもする。さらに、暁烏は清沢から「君の筆は、短歌にあらず、雑文にあらず。唯それ長江の汎濫して涯を見ず、雲濤天に連なつて極処を見ざるが如き、偉大の長篇に向て力を極むべきのみ」[23]と激励の言葉を贈られているともいわれる。

しかしながら、日々、生活をともにしていた門人に贈る言葉としては、これらの賛辞はいささか大げさすぎるように感じられはしないだろうか。だとするなら、その分、そこにかえって清沢と暁烏との間の真の関係が透けて見えているという見かたも、あるいは可能なのではないだろうか。

結果的に、折々に贈られる賞賛や激励の言葉が、暁烏に非常な自信や勇気を与える結果となったことは疑い得ない。けれども、これは安藤も指摘していることだが、暁烏の赤裸々な性格は、長所であったと同時に短所であったともいえる。彼は暁烏の性格について、「君子は豹変性すと言ふ、暁烏君も亦善く豹変性を帯んで居た」[24]と辛辣に批評している。危険思想だといわれればいわれるほど、「非常に勇気が出て、自己の本領をどしどし発揮して行く」のが、暁烏敏という人物の性格だったというわけである。

そのような暁烏を、清沢が他人のいる前で叱責したり非難したりすることもなかったわけではなかろう。[25]けれども、時々に清沢は暁烏の思想を高く持ち上げ、擁護していたこともまた事実なのである。暁烏が後年、「自分の赤裸々をどこまでも愛して下された」と、感慨深げに語っているのはそのためであろう。そしてそうした暁烏に対する清沢の態度は、多田に対して見せた厳しい態度とは、やや異なっているようにも感じられる。[26]

だが、安藤の証言によれば、清沢は暁烏の姿勢に対して、一度、遺憾の意を表明したことがあったと伝えられている。それは暁烏が出版を準備していた著書のタイトルをめぐり、暁烏自身がとった行動に対してのものであった。もともと、暁烏は『悪人の宗教』というタイトルで自著の出版を計画していたのだが、いざ出版の段になって、世間からの非難をおそれた暁烏が、タイトルを『吾人の宗教』に変えてしまった一件をめぐり、安藤は「悪人往生の救済を説く時に、あんな平凡な名前に変へたのを、先生は深く惜まれた」と書いている。要するに、「暁烏君が『精神主義と性情』の一文を認め、折角悪人往生の旨を宣言しながら、著書の命名に至つて萎縮したのは、世上の非難を畏れた結果と、第一義諦に徹底していなかった結果である」というのが、清沢がこのときに漏らした感想だったというのである。[27]

このときの感想が、暁烏の耳にまで届いたかどうかは定かでない。けれども、なるほどもし彼が本当に深い信念から悪人往生の救済ということを主張したかったのであれば、世間の非難に怖気づく必要などまったくなかったはずである。堂々と、「宗教が倫理道徳を超越する所以を明白にし、聊かも躊躇する」ことなく自説を世に発表していけばよかっただけの話であろう。この頃の暁烏の思想上の最大の問題は、つまるところ、その実、さしたる覚悟も信念もなかったにもかかわらず、世間の耳目を驚かすことに気がいくあまり、しばしばエキセントリックな言動に走ってしまうところにあったというのが、清沢と安藤との間で共有されていた暁烏評だったと考えられる。

そんな暁烏の大胆さや行動力を、清沢は上から押さえつけることによって摘み取ろうとは決してしなかった。それは、暁烏のうちに、「実験」に根ざした宗教的自覚の芽生えてくるのを、どこかで信じ、期待する気持ちがあったからではないだろうか。「信ずる人のやることならどこまでも助ける」[28]と、多くの門人が異口同音にいうように、清沢の人間的魅力の一つに、徹底して人を信ずるというところがあった。浩々洞には、つねに自由な空気が満ち溢れていたとされるゆえんも、そうした清沢の人間性によるところが大きかったに違いない。

しかし、こと暁烏と清沢との関係においては、清沢が暁烏に進路を変えさせてまで宗教者としての道を歩ませたという経緯があったことは、きわめて大きかったのではあるまいか。日本を代表する哲学者として大成する道を擲《なげう》ってまで、清沢が真宗大谷派という一宗門のために生涯を捧げたのも、勉学の機会を与えてくれた宗門の恩義に報いたいという一心からだといわれる。そこまでに義理堅い彼の性格を考えれば、暁烏敏という一人の人物を、新時代を背負って立つ立派な宗教者に育て上げるという、自らが自らに課した義務と責任とを、最後の最後まで果たし遂げたいと願っていたというのは、あながち見当はずれな推論とはいえないであろう。

実際、恵まれた環境のなかで、暁烏は晩年の清沢から直接間接に多くの指導や感化を受けることができた。短い期間だったとはいえ、寛容で心温かい師に見守られつつ、一介の宗教家として育てられていった彼が、一生涯、清沢を師と仰ぎ、その思想の顕彰に努めていったのは、当然至極の成り行きだったといえる。だがしかし、清沢満之の唱えた「精神主義」として、暁烏の口を介して広められていった思想は、結局のところ暁烏自身が広めたかった思想以外の何物でもなかった。それゆえ、妻・房子の死をきっかけに彼の恩寵主義が脆くも崩れ去ったのは、必然的な結果であったといえる。

妻を亡くした深い悲しみに直面させられたとき、暁烏はそれまでの恩寵主義に基づく自身の信仰が、いかに脆く、役に立たないものであるかを痛感させられることとなる。この彼の、いわゆる「凋落」の体験は、大正八年の手記、「清沢先生へ」に克明に綴られている。そこにはすでに紹介したように、清沢没後十年の間に、いかに「先生の潑剌たる中心の信味を、徳川時代に堕落し来たつた便利の為に考へられた所謂宗乗の殻に入れよう」としてきたか、そしてまた、現に清沢の潑剌たる思想を旧い宗乗の殻に入れてしまったかについての懺悔の言葉が並べ立てられている。

ただ、その後、暁烏の後半生の思想が劇的に変わったかといえば、彼が真宗大谷派の戦時教学を支える言辞を大量に生産していったことなどを鑑みるとき、必ずしもそうとは言いきれないのではないか、といった疑問は禁じ得ない。結局のところ、生涯を通して語られてくる暁烏の信仰にあっては、「実感できたという自己充足感が絶対的な価値をもつ」ものであり、その信心や安心が最後まで現実性をもち得なかったがために、彼の言説は「その時々の状況次第で、いかなるものとも即座に結びついてしまう」種類のものでしかなかったといっていいのではなかろうか[29]。したがって、折々になされるしおらしくもあり明け透けでもある暁烏の告白もまた、彼の豹変性の一つのあらわれと受け取ることができるのかもしれない。

暁烏が、終生、清沢に深い敬愛の念を抱き続けていたことを否定するつもりは毛頭ない。しかしながら、思想や教育的な配慮という面も含めて、暁烏は清沢満之という人間を、最後まで深く理解できなかったといって差し支えないのではないだろうか。

六　挫折と失意と

清沢の死後、雑誌『精神界』と「精神主義」、および清沢満之の名が全国に急速に広まっていく過程で、もともと門人らの思惑に左右されるかたちで『精神界』に発表されてきた「精神主義」の思想は、暁烏らのたゆまぬ「努力」によって、ますます清沢の思想とはかけ離れたものとして、広く一般に浸透していくこととなる。清沢に本当の浄土真宗の宗乗を味わってほしいといった所期の目標は、清沢の死後十年の間に「清沢宗」なるものができるほどの勢いをもつに至って、ほぼ達成されたといっていい。暁烏自身が語っているように、「先生の名によりて、旧いつまらぬ信仰の概念が新しい粧ひをしてきたに過ぎなかつた」にもかかわらず、彼らはそのことで「まんまと新しい宗教界の天下を取つたやうな浮かれた気分」に浸っていたのである。[30] 換言すれば、そこに「清沢満之が身を以て否定した教権が、今度は清沢満之の名を以て新たに形づくられる結果となったのである」[31]。

そうしたさなか、大正四年の四月に、浩々洞の代表を務めていた暁烏敏と『精神界』の編集主任を務めていた多田鼎は、相次いでその地位を退いている。[32] その後、当誌の編集の仕事は金子大栄に引き継がれ、さらにその約一年半後には、金子が京都真宗大学の教授に招聘されるのに伴い、入れ替わりで浩々洞に入った曾我量深に引き継がれることになるのだが、曾我は編集を任された直後の『精神界』十六—十の見開きに、「告白」と題した次の文章を掲載している。

清沢師が門下の人々を率いて浩々洞を創立せられてから、最早や十五年を満ちやうとします。私は今静にわが洞の変化多い歴史を溯つて、創立当時を想ふに、創立者等の簡潔の主張と素朴の生活とを通して、切実にして淳一なる原始人の本願を聞くのであります。ただ先師の偉大なる人格の光と、精練せられたる宗教とは、その滅後次第に固定して、宛然成立的宗教の形を具せんとするに至りたることは、臨終の際まで霊的奮闘を不断に続けられた先師の御本意でないことは勿論、またその高風を敬慕する私共同人の本真の志願ではないのであります。

私共は各自に情実纏綿せる自己を肯定し、これに満足すべきではありません。何卒常に無色透明の一如の源頭にかへり、この一如から新しく出現したいと願ひます。

まずは、この文章が書かれた日付に着目したい。十一月二日となっていることからして、本来であればこの「告白」は、第十六巻十一号に掲載されるべきものであったはずである。この文章が書かれたのが、十一月であったにもかかわらず、掲載号が第十号となっているのは、前月の十月に『精神界』が発行されていないからである。この事実は、この時期の『精神界』の経営がいかに行き詰まっていたかを物語っていると同時に、曾我量深の編集体制のもと、新たな出発を期そうとする並々ならぬ決意と意気込みを感じさせる。

このなかで曾我は、浩々洞および『精神界』の思想が、「臨終の際まで霊的奮闘を不断に続けられた先師」の「御本意」に反して、「滅後次第に固定して、宛然成立的宗教の形を具せんとするに至」ってしまった、と述べている。そうした見かたは、浩々洞が創立されて以降の約十五年という長いスパンで捉えた場合には、おおむね正しいといっていい。けれども、本書で見てきたように、「情実纏綿せる自己を肯定し、これに満足す」るといった『精神界』の思想傾向には、必ずしも清沢の死後に徐々に表面化してきたものといいきれない側面があることは事実である。したがって、ここでの曾我の総括は、『精神界』をめぐる根深い思想的問題のほんの一端にしか触れ得ていないと見るべきであろう。

清沢没後の『精神界』の思想動向について、曾我の示すそのような見かたが教学史のなかで伝統的に支持されてきた一方で、現代の研究者のなかには、「清沢没後の『精神界』が基本的視座を大きく移動させ」たわけではないとする見かたを示す者もいる。[33] それはいったいどういう理由によるのか。こうした見解が一握りの学者とはいえ、細々と支持されてきた背景に、雑誌『精神界』と、いわゆる「精神主義」の思想運動とが、暁烏らを中心に企画され、もっぱら彼らの自主性によりリードされてきたという側面が押さえられていることは見逃せない。そこでの清沢の役割は、主幹として名前を貸すことで、浩々洞の門人らの思想的修養の場としての『精神界』の活動に承認を与え、間接的にバックアップするといった程度のものにすぎなかったと考えられるのである。

明治三十五年秋の真宗大学での騒擾の責任をとるかたちで学監の職を辞し、自坊のある三河に引き上げる際に、清沢は浩々洞の門人らに『精神界』の廃刊を提言したともいわれるが、清沢にとって、明治三十五年という年は、「何もかも壊れた年[34]」であった。子供が壊れ、妻が壊れ、大学が壊れた。そして今度は自分自身が壊れようとしている。清沢が『精神界』の廃刊を提案した背景には、新都・東京の地で新時代を背負って立つ宗教家を育てたいという最後の願いも、風前の灯のごとく消えゆこうとしているといった悲しい思いが、どこかしら含まれていたように思えてならない。

『精神界』は、結局、暁烏らのたっての願いで存続されることになったわけだが、三河・西方寺に帰坊後、度重なる執筆要請にもかかわらず、なかなか筆を執ろうとしなかった清沢の心のうちには、いかなる思いが去来していたのか。浩々洞を辞去し、死去するまでの約半年間に、実際に筆を執ったと推定されるのは、「倫理以上の根拠」「宗教的道徳（俗諦）と普通道徳との交渉」および「我信念」の僅か三本にすぎない。にもかかわらず、この間にも『精神界』には清沢満之の名前で文章が掲載され続けていたし、清沢の死後も、約五年間にわたり、毎号のように清沢の名前で遺稿とされる文章が掲載され続けているのである。[35] そうした事実からしても、『精神界』がどれほど清沢の名前を必要としていたかがうかがえるであろう。

結核という不治の病を抱えていたとはいえ、公の職務から解放されて自坊に戻っていた清沢には、思索する時間も、文章を書く時間も、十分にあったことだろう。実際、清沢の学究的精神は、三河に戻って死ぬまでの半年の間も、なお衰えていなかったように見える。というのも、絶筆となった「我信念」を書き上げた翌日の手紙に、佐々木月樵所有の東方聖書の英文大経を研究のために拝借できないだろうかといった趣旨のことを書き添えていたりもするからである。亡くなる五日前のことである。

しかしながら、研究のために英文大経を貸してほしいと願い出ている同じ手紙の本文の最後が、次のような言葉で締め括られているのも事実である。

「浜風」ト云フ号ハ近頃ノ得物デアリマス　大浜ハ風ノ多キ処ト云フ話カラ取リマシタガ丁度小生ノ如キ半死半生ノ幽霊ニハ適当ト感シテ居リマス　此一号ガ又小生ノ今日迄ノ諸号ヲ総合シテ居マスノモ自分ニハ面白ク存シマス　諸号トハ（在名古屋時）建峰（在京都時）骸骨（在舞子時）石水（在東京時）臘扇ノ四ツデアリマス　此デヒユードロト致シマス

六月一日

参河　浜風[36]

またこの手紙には、「副伸」として、「諸君へ一々呈書ヲ致シマセヌカラ宜敷御致声ヲ願ヒ置キマス候ノ字ヲ省キタル貴文ヲマネマシタガドーデスカ(ママ)」サヨーナラ」と浩々洞の門人たちに宛てたメッセージも添えられている。

この手紙の文面が、「此デヒユードロト致シマス」という、ユーモアというよりはペーソスに満ちた言葉で閉じられ、副伸のメッセージもまた「サヨーナラ」と閉じられているのは、いったいいかなる心境のあらわれであろうか。これらの言葉が、最期の別れを予感してのものであったろうことは容易に想像がつく。だが、間近に迫る死期が意識されていたとして、そうした人間の口からのこのような言葉が発せられてくるのはなぜなのか。何かにしがみつき、何かに対して一縷の希望でもかけずにはおれない人間の口から、そうした言葉が、はたして発せられてくるものなのか。

死の二日前に、清沢は激しい喀血に見舞われている。そのとき、傍で看病にあたっていた原子広宜の「云ひ残すことなきや」という問いかけに対し、一言、「何にもない」と答えたと伝えられている。「ヒユードロ」という表現にしても、「サヨーナラ」という表現にしても、煎じ詰めれば、死の二日前に発したとされる「何にもない」の一言に通じるものがあるのではないだろうか。

そこに滲み出ているのは、単なるニヒリズムではない。そこには、すべてが儚く崩れ去ろうとしている悲哀とともに、この世に有限な生を受けた者として、なすべきことはなし終えたという、ある種、すがすがしい充足感に似たものが漂っているようにも感じられる。門人たちとの浩々洞での交流ということを含め、清沢が晩年のすべてを賭した、新時代にふさわしい宗教家を育てるという希望は、日の目を見そうにないまま、いままさに潰えようとしている。だがそれは、同時に有限な自己がなし得る範疇を超えた、如何ともし難いことなのであって、任運に法爾に、絶対無限のはたらきに任せ、委ねる以外にないことだと感じられていたに違いない。

そうした心持ちで後半生を生きてきた清沢にとって、自らの思想が他人にどう評価され、自分の名声が後世にどう受け継がれていくかなどといったことは、まったくもって関心外のことであったことはいうまでもあるまい。一楽真も指摘するように、「向かうべき方向が明確でなければ教育ということ自体が成り立たない」、「とすれば、社会改良といっても人が育つことを措いて他にはないという考えに立ち、人を真に育てる道は健全な教育しかないと述べる満之にとって、教育とは人をして無限に向わしむるもの、即ち宗教的教育であった[37]」といえるのではないか。

註

（1）吉田久一は『吉田久一著作集四　日本近代仏教史研究』（吉川弘文館、一九五九年、三〇九頁）のなかで、「戦争が生み出す不幸はかえって念仏者を生ずるもととなり、それによって悲惨な戦争は逆に幸福な戦争になる」と説く暁烏の論理について、「その無信こそもっとも哀れむべきだというオプティミズムに、形式的には如来と信が持ち出されてはいるが、前提となる戦争の持つ罪悪に深く迫って行くものを欠いている」とコメントしている。

（2）ただし、『岩波版全集』Ⅶに「心霊の諸徳」として収録されている「精進の心」には、微妙な発言も見られる。

吾人が本当に君の為め国の為めにせんとする時は、吾人は吾人の思案分別を拋棄せねばいかぬ、コーすれば君の為になるか国の為になるか、アーすれば君の為になるか国の為になるか、と、君の為国の為を自分で思案して居ては、啻に之を決し難きのみならず、時には其為と思ふたことが為にならぬ場合がある、又時には反て不為になる場合がある、然れば、ドーすれば可いか、外に仕様はない、自分の思案分別を全く拋擲し去りて、直に命令を聞くべきである、君上の聖勅に服し国家の命令に従ひて、疑慮なく一心不乱に勇猛精進するが、忠臣義士の操行である、親に対する孝も、友に対する信も、本当に之を行ふには、自分で彼れ此れ思案すべきでない、親の命に聞き、友の言に聞き、寸毫も自意を交へずして、驀直進前するが、即ち孝と信との実行である、君の事は君に聞き、親の事は親に聞き、友の事は友に聞き、自身の事は之を自家の良心に聞き、勇往邁進して毫も停滞なからんことを期するもの、是れ仏陀の大悲に接触して、其霊光の感化を受けたる者の心状である、此心状にて進み行かば、何事にても、無邪気にやり得らるる様になることである。

清沢のこうした発言には、議論の余地があるだろう。この論理からすれば、国家のことは国家に聞いて、自分自身の思案分別など一切交えるなといっているかのように受け取れる。しかし、国との関係でも、親や友達との関係でも、畢竟、自分自身との関わりにおいていかに行為をなすかという問題が突きつけられることになる以上、自身のことに関わらない事柄など何一つないということになるはずである。ならば、結局のところ、いかなる行為に及ぶ場合にも、「自家の良心」に聞くということが不可欠になってくる。ところで、清沢が良心ということをいう場合には、絶対無限との関わりが前提とされている。つまり、国家の命令に従う場合にも、親の命令に服従する場合にも、絶対無限からの声を聞くことが必須の条件なのであって、無限なる「仏陀の大悲」はどこまでも国や親や友などといった、有限者の声に勝る上位の声として、己を衝き動かす根源的原動力となるものと理解されなければならないということになる。

加えて、この文章が、真宗中学の学生に向けて書かれたものであるという点にも注意が必要であろう。要は、一連の「心霊の諸徳」のなかでは、あえて込み入った難解な議論は避けられているとも考えられるのである。

（3）暁烏敏「清沢満之先生小伝」（『清沢満之の文と人』大東出版社、一九三九年）二七五頁。
（4）暁烏敏「新信仰の告白を促す」（『涼風学舎版暁烏全集』二一巻、一九七九年）一八二頁。
（5）同、一八四頁。
（6）暁烏「清沢満之先生小伝」二七七頁。
（7）『法藏館版全集』Ⅷ―一八六頁。
（8）「智増の菩薩たれ」といった忠告は、暁烏に対してもたびたびなされていたようである。そのことはたとえば、清沢が発したという次の言葉にも見てとれる。

先生、現代の宗教家の人に教ふる心に奔走して自ら修めざるを歎じて、『阿含経』を拝誦して小乗趣味を鼓吹して、自信自度して然る後、世を済すべきを教へ、常に我等を誡めて、悲増の菩薩たる已前に先づ智増の菩薩たれと教へ給ひけり。（『法藏館版全集』Ⅷ―二五七頁）

ここで清沢が暁烏に「小悲増の菩薩」の姿を重ねて教えを説いているのはなかなか面白いが、さらにいえば、

「智蔵の菩薩」たれという清沢の信念は、大学教育における理念にも大いに反映されていたと考えられる。清沢は、当時の青年に、とかく功を急ぎ、学業も半途に達していないうちに、卒業後の衣食の問題のことを考える輩の多いことを嘆いて、終生の大業を成すには遠大の思想をもつことが必要であることを説いている（『法藏館版全集』Ⅷ―四九一～四九二頁）し、女子教育の視察のため来日したあるイギリスの女史に対して、学生にとっては何より考えることが重要で、研究院の五年間はもっぱらシンキングの時間に充てさせていると述べて、彼女を大いに感服させたともいわれている（『法藏館版全集』Ⅷ―四九四～四九五頁）。

（9）暁烏敏「浩々洞と『精神界』」（『涼風学舎版暁烏全集』第二一巻、一九七九年）五一四頁。

（10）同時代人の目に、暁烏ら浩々洞の三羽烏と謳われた彼らがどのように映っていたか。創刊号から『精神界』の愛読者であったという加藤智学の次の言葉には、そのあたりのことが如実にあらわれている。

所がその時の先生も偉いには偉いが私らの眼にはですね。多田、暁烏、佐々木と云ふ方々が非常に偉くなつて見えた。何しろ文章が非常に旨いんだね。それはもう惚れぼれする。我々の書けん文章なんだ。文章を読んでると恍惚としてしまうんだね。そりやまあ暁烏先生等は詩人でね、学校はズボラであつたと話は聞いてたけれど、学校休んではパーツと何処かに遊びに出て、プラプラその辺を遊んで帰つて来ると長編の詩が出来てる。『迷の跡』と云ふ書物が出来てる。それを見ると全く暁烏さんの詩集なんだ。

（『法藏館版全集』Ⅷ―三三二～三三三頁）

（11）西村見暁『清沢満之先生』（法藏館、一九五一年）三〇三頁。

（12）「ソクラテスに就きて」（『岩波版全集』Ⅶ―二六七頁）。

（13）安藤州一は、清沢があるときの会話で「私は娑婆即寂光土といふ事は、あまり有難く思ひませぬ」と語ったことを紹介している。また、近角常観がある講話の席で「如来は満面の涙を以て私共の上に慈哀を垂れ給ふ」と発言したことに対して、近角師辞去のあと、傍人に「私は「満面の涙の如来」といふやうな形容詞がどうしても使へませぬと語られた」とも証言している。安藤によれば、こうした近角師の「真理よりも感情が主である」ような信仰のありようを、「清沢師は冷眼を以てこれを迎へ、決して君の信仰を羨む態度はなかつた」という（安藤州一「浩々洞の懐旧」〈福嶋寛隆・赤松徹真編『資料　清沢満之〈資料篇〉』同朋舎、一九九一年〉二一三頁）。

(14)『法藏館版全集』Ⅷ―三二二頁。
(15)曾我量深「自己を弁護せざる人」(『精神界』九―六収録)。
(16)この日、上野で開催された仏教徒懇話会に同席していた多田も、当時の思想界の状況を振り返り、「精神主義に対する批評、三十四年の末より翌年の春にかけて喧しかりき」(『法藏館版全集』Ⅷ―二八七頁)と述べている。
(17)『法藏館版全集』Ⅷ―三二二頁。
(18)同、五一九頁。
(19)十一月十六日付(年次不詳)の石川吉治宛の手紙に、清沢は次のことを書きつけている。

同君ヨリ東京中ニ兆民居士ノ「続一年有半」ニ対シ精神界ノ徒ハ一撃ノ用意アルヤ如何ト有之候　然ルニ撃ダノ駁ダノト申スコトハ精神界ノ大禁物ニ有之候ユヘ　無論右ノ如キ用意ハ無之候　只我等後進ノ徒ガ先進ニ対スル態度トシテハ我等ハ居士ノ所論ハ畢竟居士ノ精神的自由ヲ吐露シタルモノニ過ギズト感スルガ故ニ我等ハ此模範ニ則リ弥益我等ノ精神的自由ニ基ケル愚説ヲ宣揚スルノガ即チ是レ我等後進ノ徒ガ先進ノ教訓ヲ服膺スル所以カ(屁理窟ヲ云フナトアレハ直ニ閉口可仕候)ト存居候　然レハ是レ我等ガ昨ニ今ニ専心従事シツヽアル所　此精神主義ノ宣揚ガ唯物主義ノ中堅ヲ突撃シテ粉砕塵散セシムルモノト見得スル人アラバ我等ハ決シテ其見得ノ自由ヲ妨ゲサルモノニ候(ナドハ法螺ヲ吹キカ、レバ際限無之候故此ニテ擱筆仕候)。

(『岩波版全集』Ⅸ―三一四~三一五頁)

ここには、「我等後進ノ徒ガ先進ノ教訓ヲ服膺スル」には、中江兆民が自身の精神的自由を吐露したのと同じように、「我等ノ精神的自由ニ基ケル愚説ヲ宣揚スル」以外にないという清沢の考えが明確に示されている。
(20)そうした清沢の考え方は、「真の朋友」と題され発表されている文章にある、以下の言葉からも跡付けが可能であろう。

今所謂朋友の感化と云ふことは、決して一概に云へるものでない、然るに、既に朋友の感化如何を心配するのは、自分が未だ充分確固たる根拠を得ざるからであるから、此の如き人物は、朋友を選む抔と云ふよりは、先づ自分に真の朋友たり得べき資格を求めねばならぬ、而して、若し其資格を得たる以上は、如何なる人に交際しても、其資格を失却せぬ様にならねばならぬ、此の如くして、自分に充分なる資格を持て、人に交際すれば、ヨシヤ、先方が悪人でありても、自分は決して、其が為に損害せらるることなく、寧ろ自分の為に修養の一端になることである。

（『岩波版全集』Ⅶ―三一三頁）

(21) 暁烏「浩々洞と『精神界』」五五九頁。
(22) 同、五六四頁。
(23) 安藤州一『清沢先生信仰坐談』（浩々洞出版部、一九〇四年）三三頁。
(24) 安藤「浩々洞の懐旧」二二七頁。
(25) 暁烏は「清沢先生の信念」（『暁烏敏全集』第一部八巻、暁烏敏全集刊行会、一九五一年、五九〇頁）に次のように書いている。

私が信心に燃えてゆくと、パッと水を掛けられる。私は負けぬ気だから「なまいきな」とくつてかかる。先生はこんな私をかはいがつて下さつた。

(26) 暁烏とは対照的に、清沢は多田を他人の前でも叱責することがあったようだが、多田は清沢の死後、経典至上主義の立場を鮮明に打ち出すとともに、清沢の思想を哲学者の信にすぎないとして糾弾の立場に回ることになる。清沢にきつく叱責された経験をもつ多田が、それ以前から清沢に対して、個人的にはあまり良い感情を抱いていなかったことは、他の門人らの証言などからも想像できる。

（『法藏館版全集』Ⅷ―一七五頁）

(27) 安藤「浩々洞の懐旧」二三〇～二三一頁。
(28) 暁烏は、近角常観との関係をめぐって、村上専精のとった行動と清沢のとった行動とを比較して、清沢を次のように評している。

先生は問題には反対だけれども、ただ近角君を信じ、信ずる人のやる事なればと言つて、錦輝館の宗教法案の演説会に是非出演してくれとの懇請を容れ、出席の上で信仰上の談話をして来られた。行かれる時に自ら村上師を誘はれたさうなが、村上師はたうとう行かれなかつた。かういふ風に少々気に入らぬ事があつても、信ずる人のやることならどこまでも助けるといふのが先生の美点である。

（「清沢先生の信仰」〈『涼風学舎版暁烏全集』第八巻、一九七九年所収〉四七五頁）

近角の信仰と清沢の「精神主義」の間には、埋めがたい溝のようなものがあるようにも感じられるが、思想的な隔たりや政策的な意見の違いを超えて、人を信じ、信じた以上、どこまでもその人を助けるというのが、清沢の信条であった。だからこそ暁烏らに対しても、思想的な未熟さは未熟さとして、彼らを大谷派を支える一人前の宗教家として、どこまでも愛情をかけて育てていこうとしたのではなかったか。

(29) 中島法昭などは、後年、「神ながらの道」を説きながら、将兵を戦場に送り出していった暁烏の思想について、次のように論じている。

ここで、ぜひ問うておきたいことは、何のためらいもなく「神ながらの道」を講じていく暁烏の内面である。ひとことでいえば、暁烏の信仰のありようと生き方の問題である。つまり暁烏の信心が、歴史社会のさまざまな問題を主観的に一括して処理し、無条件に現実を肯定するのである。何度いっても、言いすぎることはなかろう。暁烏の信心（安心）が現実性をもたないゆえに、その時々の状況次第で、いかなるものとも即座に結びついてしまう。暁烏にあって、実感できたという自己充足感が絶対的な価値をもつ。

（「柏木義円と暁烏敏――一九三〇年代の思想と行動――」〈『近代の宗教運動――『精神界』の試み――』法藏館、一九八六年〉九六頁）

このように、現実性をもたない暁烏の信心、「実感できたという自己充足感が絶対的な価値をもつ」ような信仰のありようは、若き日の恩寵主義と何ら変わるところはないといえる。柏木義円はキリスト教の信仰から非戦論を唱えた人物であったが、「今の仏教徒は、盛に戦争の提灯持を為して以て其愛国の名を衒売す」と論じて、暁烏に代表されるような仏教徒に痛烈な非難を浴びせている。

(30) 暁烏敏「清沢先生へ」（『涼風学舎版暁烏全集』第二二巻、一九七七年）二六三頁。

(31) 宮城顗「浩々洞」（『清沢満之の研究』教化研究所、一九五七年）三六四頁。

(32) 暁烏が長年代表を務めてきた浩々洞を辞去せざるを得なくなった直接のきっかけは、大正四年一月二十九日の『中外日報』紙に掲載された一本の記事にある。「暁烏氏の噂」と題されたこの記事には、暁烏が妻を亡くして三日後に、亡妻の仏前で女中であった若い女性と性的関係をもったという内容のことが噂として書かれていたのだが、その噂はおおむね真実であった。

(33) 久木幸男「『精神界』の社会的位相」（『近代の宗教運動――『精神界』の試み――』法藏館、一九八六年）一三九頁。

(34) 西村『清沢満之先生』三五三頁。

(35) たとえば、『精神界』三―七に「如来の奴隷となれ」というタイトルの一文が、故清沢満之の名前で掲載されている。この「如来の奴隷となれ」は、次号以降「臘扇日乗」とタイトルを変えて、十八回にわたって連載されているし、第三巻九号には清沢満之の名前で「宗教心を論す」という一文が掲載されていたりもする。

(36) 『岩波版全集』Ⅸ―三〇五頁。

(37) 一楽真「清沢満之にとっての教育」(『真宗総合研究所研究紀要』第一一号、大谷大学真宗総合研究所、一九九四年)五六頁。

むすび

本論で見てきたように、清沢晩年の思想的精華と見なされてきた「精神主義」が、その本質を左右するような箇所で随所に思想的付加や書き換えがなされている可能性があると考えられる以上、一生涯を通じての清沢の思想的評価は、今後、抜本的に見直されていく必要があることはいうまでもない。清沢満之という一人物の思想において、いわゆる「精神主義」の思想は、そこに力強い信念の表明がなされているという見かたをとれば、いまだに多くの人々を引きつけてやまない魅力の源泉であると同時に、「宗教哲学」以来の思想の連続性という観点からいえば、思想的貫徹性の欠如が多く指摘されなければならないという意味で、大きな躓きの石であったことも事実である。

清沢満之といえば、ある人々にとっては真宗大谷派の近代教学を代表する最高かつ最良質の知性であるとされ続けてきた長い歴史がある。だがそのことは、むしろ親鸞の法脈として連綿と受け継がれてきた他力浄土門の思想が、大谷派が誇る最良の知識人と目される人物によってさえ、論理的飛躍や矛盾の多い思想としてしか示され得ないといった感想を抱く者にとっては、他力門の思想の脆弱性を攻撃するうえでの好材料とされてきたのである。そうした諸々の批判に対して、これまで多くの場合、清沢本人が書いたとされる思想や論理を材料に反論がなされてきたわけだが、そうした擁護の手法自体が、批判者の目から見れば、結局のところご都合主義のパッチワークであり、無批判な礼賛者の所業としてしか映らなかったのも、ある意味、致しかたないことだったといわざるを得ない。かりに、清沢の示す「精神主義」の論理が、たびたびその他の文章中で語られている論理、特に前期の宗教哲学からの論理によって補われなければ十分な整合性が確保できないようなものだとすれば、そうした不完全な思想しか語り得ない清沢は、所詮二流、三流の思想家にすぎなかったと結論づけられても致しかたないであろう。

「雑誌『精神界』所収論文」として『岩波版全集』に収められたいくつかの文章について、第二章で検討・考察を試みたが、本論では扱いきれなかったほとんどの論文、特に「精神界」欄に無記名で掲載されているものに関しては、文体的にも思想的にも『精神界』以前に書かれたものと比べて、ほとんどぶれが見られないだけでなく、これも本論で言及したことだが、晩年に執筆され、『精神界』以外の媒体で発表されているものに関しても、若かりし時代の思想との一貫性をはっきりと見てとることができるのである。

清沢の思想そのものに対する評価が二分されてきた背景には、『精神界』という雑誌がどのような性格をもつもので、主宰者と目されてきた清沢がそこにどのようにコミットしていたのかなどについての研究が十分になされてこなかったという事情がある。私自身を含め、現代の常識に染まった研究者の多くは、全集として公刊されたテキストを、一人の人物の貫徹した思想として読むよう習慣づけられていることに加え、清沢が生きていた時代は、たかだか百年前のことなのだからなおさらのことであろう。けれども、当時、浩々洞に集っていた青年僧侶らの間に、信仰共同体としてのサンガの自覚が共有されていたという事実は、決して見過ごされるべきではない。そこでは、一個の独立不羈の思想家として清沢を理解しようとする私たちの常識的アプローチは、まったく通用しないのである。

このことは、必ずしも門人たちが師の思想を自由勝手に捻じ曲げたということを意味しない。それどころか、清沢の思想に門人たちそれぞれの思想的見地から、遠慮なく手を加えていくことが許されていたとするなら、そのこと自体、清沢自身の思想的スタンスに深く関わってくる問題でもある。自分の書く文章に他人が自由に手を加えたり、時には本人になりかわって門人が文章を公にしたりすることさえ黙認されていたようだが、そうした思想的干渉を頑として撥ねつけることもできたはずなのである。だが、清沢はそうはしなかった。それは、無一物の師と弟子との関係のなかにしか真の教育は生まれないという、教育者としての確固たる信念があったからだと考えられる。

私たちが清沢に求めてしまいがちなのは、独立不羈の孤高の哲学者であってほしいという手前勝手な理想像ではないだろうか。だが、教育者として生きようとしていた晩年の清沢の思いが、当代の日本を代表する哲学者として名を馳せることに置かれていなかったことはいうまでもない。そんな人間にとって、名声が傷つくとか、自分の思想が門人たちにどう受け継がれるとか、そんなことは露ほどの関心もなかったに違いない。晩年を、生に安んじ、死に安んずる境涯で生きていた清沢にとって、守るべき世間的プライドも、汚される名誉もあろうはずはない。自らの思想を含めて、宣揚されるすべての説は、所詮凡夫の「愚説」、戯言にすぎないとまでいいきる清沢にとって、教え導く師も、教え導かれる弟子たちも基本的には存在しなかった。にもかかわらず、彼らが世に愚説を発表していこうとした背景には、それが正しい説として世間に広く受け容れられることへの期待があったからでは決してない。愚説をあくまでも愚説として発表していくことが、発信者と受信者双方が互いに信念を開発していくにあたり刺激となることが期待されていたという事情があったことは、ゆめゆめ忘れるべきではないであろう。

「精神主義」をめぐる思想的な陥穽をめぐっては、さまざまなかたちで応酬が繰り返されてきた。その問題の大本がどこにあるかについては、本論において検証を試みたいくつかのポイントから、輪郭がかなりの程度、明らかにされたのではないだろうか。のみならず、明治近代という時代において、あらためて他力浄土門の思想を近代の知に即したかたちで語り直そうとした清沢の営為を、できる限り純粋な状態で掘り起こすことは、日本近代仏教思想史上においてきわめて大きな意義をもつものと考えられる。このことを俟って、他力浄土門（親鸞）の思想に対する近代的アプローチはようやくその第一歩を踏み出すことができるといっても過言ではないからである。

著者としては、本書が浄土門の思想をめぐる、より生産的な議論が緒に就くきっかけとなることを期待してやまない。

【参考文献一覧】

赤沼　智善「明治教学界に於ける先生の地位」（『清沢満之』観照社、一九二八年）
赤松　徹真「清沢満之の青年時代――思想形成課程の諸問題――」（二葉憲香編『国家と仏教・近世、近代編　日本仏教史研究二』永田文昌堂、一九八〇年）
　同　「近代日本思想史における精神主義の位相――清沢満之の信仰とその陥穽――」（福嶋寛隆・赤松徹真編『資料　清沢満之〈論文篇〉』同朋舎、一九九一年）
暁烏　敏「新信仰の告白を促す」（『涼風学舎版暁烏全集』第二一巻）
　同　「浩々洞と『精神界』」（『涼風学舎版暁烏全集』第二一巻）
　同　「清沢満之先生小伝」（『清沢満之先生の文と人』大東出版社、一九三九年）
　同　『凋落』一九一三年（『涼風学舎版暁烏全集』第二二巻）
　同　『更生の前後』一九二〇年（『涼風学舎版暁烏全集』第一二巻）
　同　『清沢先生の信仰』一九〇八年（『涼風学舎版暁烏全集』第八巻）
　同　「浩々洞時代の清沢先生」一九三五年（『有光社版全集』Ⅵ）
安藤　州一『清沢先生信仰坐談』（浩々洞出版部、一九〇四年）
　同　「浩々洞の懐旧」（福嶋寛隆・赤松徹真編『資料　清沢満之〈資料篇〉』同朋舎、一九九一年）
　同　「先生の思想と修養」一九三五年（『有光社版全集』Ⅵ）
安藤　文雄「清沢満之の平等思想」（『真宗総合研究所研究所紀要』第一一号、大谷大学真宗総合研究所、一九九四年）
池田　英俊「清沢満之と精神主義運動」（『明治の新仏教運動』吉川弘文館、一九七六年）
　同　「近代仏教における倫理と宗教性について」（下出積與編『日本における倫理と宗教』法藏館、一九八〇年）
伊香間祐學「明治三十三年十月三十日」（福嶋寛隆・赤松徹真編『資料　清沢満之〈論文篇〉』同朋舎、一九九一年）
　同　『「精神主義」を問い直す――近代教学は社会の問題にどう答えたか――』（北陸聞法道場出版部、一九九二年）

出雲路暁寂　『親鸞聖人と清沢先生――悲喜共同体――』（安部書店、一九七五年）
出雲路暢良　「清沢満之の主題と方法」（『金沢大学教育学部紀要』第二三～二六号、金沢大学教育学部、一九七四年）
一楽　真　「清沢満之にとっての教育」（『真宗総合研究所研究紀要』第一一号、大谷大学真宗総合研究所、一九九四年）
伊東　恵深　「近代宗教学の課題――清沢満之と曾我量深の応答を手がかりとして――」（『現代と親鸞』第九号、親鸞仏教センター、二〇〇五年）
同　「「他力門哲学」における覚醒の構造」（『親鸞教学』第九〇号、大谷大学真宗学会、二〇〇八年）
稲葉　秀賢　「清沢先生の真俗二諦論」（『親鸞教学』第三号、大谷大学真宗学会、一九六三年）
今村　仁司　『清沢満之と哲学』（岩波書店、二〇〇四年）
同　『親鸞と学的精神』（岩波書店、二〇〇九年）
小野　蓮明　「清沢満之の「信念」――その源泉と内実――」（『親鸞教学』第八二・八三号、大谷大学真宗学会、二〇〇四年）
大桑　斉　「清沢満之の思想形成――東京留学期における――」（福嶋寛隆・赤松徹真編『資料　清沢満之〈論文篇〉』同朋舎、一九九一年）
大竹　鑑　「浩々洞――議論と大笑いのサンガ――」（『清沢満之――その人と思想――』法藏館、二〇〇二年）
大谷大学真宗総合研究所編
『清沢満之『精神界』論文集』（大谷大学真宗総合研究所、一九九九年）
鍵主　良敬　「佐々木月樵先生」（『親鸞に出遇った人びと〈三〉』同朋舎出版、一九八九年）
加来　雄之　「『宗教哲学骸骨』（The Skeleton of Philosophy of Religion）の意義――選択と実験に基づく思索――」（『真宗総合研究所研究所紀要』第一一号、大谷大学真宗総合研究所、一九九四年）
同　「清沢満之における宗教言説の問い直し」（『親鸞教学』第八二・八三号、大谷大学真宗学会、二〇〇四年）
同　「清沢満之と多田鼎の宗教言説観」（『親鸞教学』第八五号、大谷大学真宗学会、二〇〇五年）
柏原　祐泉　「「精神主義」の構造」（『日本近世近代仏教史の研究』平楽寺書店、一九六九年）

同　「庶民教化の思想」（『親鸞体系　歴史篇』第九巻、法藏館、一九八九年）
同　「精神界をめぐる人々――その世俗的対応の思考形態――」（『親鸞体系　歴史篇』第十巻、法藏館、一九八九年）
加藤智見　「清沢満之に関する一考察」（『フィロソフィア』第五三号、早稲田大学文学部、一九六八年）
同　『いかにして〈信〉を得るか――内村鑑三と清沢満之――』（法藏館、一九九〇年）
金子大栄　「自覚――清沢満之先生を憶う――」（『親鸞教学』第三号、一九六三年）
亀井鉱　『父と娘の清沢満之』（大法輪閣、二〇〇一年）
川本義昭　「清沢満之の教学的陥穽――「精神主義」における二諦的問題――」（『近代真宗思想史研究』法藏館、一九八八年）
観照社編　『清沢満之』（大空社、一九九四年）
神戸和麿　「清沢満之の精神主義――進化論的人間観への批判――」（『真宗研究』第二三集、真宗連合学会、一九七九年）
同　「清沢満之の名号論――如実修行相応――」（『親鸞教学』第八〇号・八一号、大谷大学真宗学会、二〇〇三年）
同　『清沢満之の生と死』（法藏館、二〇〇〇年）
同　『清沢満之　その思想の軌跡』（法藏館、二〇〇五年）
岸本鎌一　「多田鼎先生の生涯と思想」（『親鸞に出遇った人びと〈三〉』同朋舎出版、一九八九年）
児玉暁洋　『念仏者清沢満之――精神主義とは何か――』（難波別院、一九八一年）
同　「いのち皆生きらるべし」（『親鸞に出遇った人びと〈三〉』同朋舎出版、一九八九年）
同　『清沢満之に学ぶ　現代を真宗に生きる』（樹心社、二〇〇二年）
近藤純悟　「私をして私たらしむる力」（『絶対他力道』大谷出版社、一九五二年）
境野黄洋　「羸弱思想の流行――ニイッチェ主義と精神主義――」（福嶋寛隆・赤松徹真編『資料　清沢満之〈資料篇〉』同朋舎、一九九一年）

佐々木蓮麿　「清沢満之の信仰」（『清沢満之の研究』教化研究所、一九五七年）
末木文美士　「内への沈潜は他者へ向いうるか――明治後期仏教思想の提起する問題――」（『思想』九四三、岩波書店、二〇〇二年）
曾我　量深　「精神主義」（福嶋寛隆・赤松徹真編『資料　清沢満之〈資料篇〉』同朋舎、一九九一年）
同　「清沢先生を憶う」（『親鸞教学』第三号、一九六三年）
同　『他力の救済』（文明堂、一九七三年）
真宗大谷派教学研究所編
　『清沢満之　生涯と思想』（東本願寺、二〇〇四年）
同　『関根仁応日誌』第四巻（真宗大谷派教学研究所、二〇〇九年）
竹内　整一　「清沢満之の想念と超越」（『清沢満之――その人と思想――』法藏館、二〇〇二年）
同　「「精神主義」と現代」（『真宗教学研究』第二三号、真宗教学学会、二〇〇二年）
同　「清沢満之における内在と超越」（『現代と親鸞』第一一号、親鸞仏教センター、二〇〇七年）
武田未来雄　「近代真宗教学における時間論――清沢満之の「現在安住」を中心として――」（『真宗教学研究』第二三号、真宗教学学会、二〇〇二年）
竹村　牧男　「清沢満之と寸心・大拙」（『近代仏教』第一〇号、日本近代仏教史研究会、二〇〇三年）
田代　俊孝　「清沢満之の生と死」（『清沢満之――その人と思想――』法藏館、二〇〇二年）
田村　晃徳　「学と信の関係――清沢満之における「宗教と学問」――」（『現代と親鸞』第一六号、親鸞仏教センター、二〇〇八年）
田村　圓澄　「「精神主義」の限界」（『佛教文化研究』佛教文化研究所、一九五六年）
同　「清沢満之と「精神主義」」（『日本仏教五　浄土思想』法藏館、一九五九年）
谷川　徹三　「浩々洞における清沢先生」（『清沢満之の思想とその展開』清沢満之師生誕百年記念会、一九六三年）
多田　　鼎　「清沢先生小伝」（『有光社版全集』Ⅵ、一九三五年）
同　「清沢先生の生涯及び位置」（福嶋寛隆・赤松徹真編『資料　清沢満之〈資料篇〉』同朋舎、一九九一年）

寺川　俊昭　『清沢満之に学ぶ――自己とは何ぞや　これ人生の根本問題なり――』（日豊教区教化委員会、一九五七年）
同　「清沢満之の「精神」について」（『大谷大学研究年報』二二号、大谷大学大谷学会、一九七〇年）
同　『清沢満之論』（文栄堂、一九七三年）
同　「清沢満之と『精神界』」（『近代の宗教運動――『精神界』の試み――』法藏館、一九八六年）
同　「浩々洞の成立とその挫折――真宗大谷派の近代教学運動――」（『親鸞体系　歴史篇』第十巻、法藏館、一九八九年）
同　「真宗の学場への祈願」（『親鸞教学』第五七号、大谷大学真宗学会、一九九一年）
同　「願生の人・清沢満之――乗托妙用の自覚から避悪就善の意欲へ――」（『親鸞教学』第六三号、大谷大学真宗学会、一九九四年）
同　「近代教学の確立者・清沢満之の歴史的意義」（『清沢満之――その人と思想――』法藏館、二〇〇二年）
同　「道理心と宗教的信念――清沢における哲学と宗教――」（『現代と親鸞』第六号、親鸞仏教センター、二〇〇四年）
中島　法昭　「柏木義円と暁烏敏――一九三〇年代の思想と行動――」（『近代の宗教運動――『精神界』の試み――』法藏館、一九八六年）
名畑直日児　「精神主義――世紀を開く――」（『真宗教学研究』第二二号、真宗教学学会、二〇〇一年）
西村　見暁　『清沢満之先生』（法藏館、一九五一年）
同　「清沢満之の俗諦的意義」（『清沢満之の研究』真宗大谷派教化研究所、一九五七年）
同　「精神主義と浄土」（福嶋寛隆・赤松徹真編『資料　清沢満之〈論文篇〉』同朋舎、一九九一年）
延塚　知道　『求道とは何か』（文栄堂、二〇〇四年）
野本　永久　『暁烏敏傳』（大和書房、一九七四年）
橋田　尊光　「清沢満之と真宗大谷派教団――白川党宗門改革運動をめぐって――」（『親鸞教学』第八〇号・八一号、大谷大学真宗学会、二〇〇三年）
長谷　正當　「思想的連関から見た清沢満之」（『清沢満之――その人と思想――』法藏館、二〇〇二年）

同　「「自己とは何ぞや」という問いをめぐって――清沢満之の「無限の因果」から見た二種回向の理解――」（『現代と親鸞』第一七号、親鸞仏教センター、二〇〇九年）
花田　衆甫　「排精神主義――精神主義を難して浩々洞諸氏の答を望む――」（福嶋寛隆・赤松徹真編『資料　清沢満之〈資料篇〉』同朋舎、一九九一年）
同　「『精神主義』を評して宗義の謬解を正す」（福嶋寛隆・赤松徹真編『資料　清沢満之〈資料篇〉』同朋舎、一九九一年）
林　信康　「清沢満之の倫理思想」（『研究紀要』第九号、京都女子大学宗教・文化研究所、一九九六年）
春近　敬　「多田鼎の信仰変容に関する一考察」（『現代と親鸞』第一六号、親鸞仏教センター、二〇〇八年）
久木　幸男　「『精神界』の社会的位相」（『近代の宗教運動――『精神界』の試み――』法藏館、一九八六年）
同　『検証　清沢満之批判』法藏館、一九九五年
同　「清沢満之ともう一つの近代」（『真宗教学研究』第二二号、真宗教学学会、二〇〇一年）
広瀬　杲　「真宗大学」（『清沢満之の研究』教化研究所、一九五七年）
福島　栄寿　『『精神主義』の求道者たち――清沢満之と暁烏敏――』（京都光華女子大学真宗文化研究所、二〇〇三年）
同　『思想史としての「精神主義」』（法藏館、二〇〇三年）
福嶋　寛隆　「清沢満之の信仰とその歴史的性格」（『伝道院紀要』二四号、一九七九年）
同　「帝国主義成立期の仏教――「精神主義」と「新仏教」と――」（『仏教史学論集』永田文昌堂、一九七七年）
同　「「精神主義」の歴史的性格」（『日本仏教』第五〇・五一合併号、日本仏教研究会、一九八〇年）
藤田　正勝　「清沢満之と西田幾多郎」（『清沢満之――その人と思想――』法藏館、二〇〇二年）
同　「日本における西洋哲学の受容――清沢満之と大西祝――」（『現代と親鸞』第六号、親鸞仏教センター、二〇〇四年）
藤嶽　明信　「根本問題としての自己――清沢満之に学ぶ――」（『親鸞教学』第八四号、大谷大学真宗学会、二〇〇五年）

堀　浩良　『清沢満之の信仰と思想』（永田文昌堂、一九六四年）
保呂　篤彦　「後期清沢満之における宗教と道徳」（『仏教文化研究所紀要』第六号、岐阜聖徳学園大学仏教文化研究所、二〇〇六年）
本多　弘之　『親鸞の鉱脈——清沢満之——』（草光舎、一九九二年）
同　「親鸞教学の法印——満之の信仰課題の展開——」（『現代と親鸞』第六号、親鸞仏教センター、二〇〇四年）
毎田　周一　「先師と清沢師」（『毎田周一全集』第七巻、毎田周一全集刊行会、一九七〇年）
松岡　雅則　「清沢満之の教育観」（『日本仏教教育学研究』第四号、日本仏教教育学会、一九九六年）
同　「清沢満之における青年教育——『心霊の諸徳』『心霊の修養』を中心として——」（『日本仏教教育学研究』第五号、日本仏教教育学会、一九九七年）
松田　章一　『暁烏敏の挑戦』（北國新聞社出版局、二〇〇五年）
同　『暁烏敏　世と共に世を超えん　上』（北國新聞社、一九九七年）
同　『暁烏敏　世と共に世を超えん　下』（北國新聞社、一九九八年）
松原　祐善　「清沢満之の精神主義」（『清沢満之の研究』教化研究所、一九五七年）
同　「浩々洞の歩み」（『講座近代仏教』四、法藏館、一九六二年）
同　「清沢満之に対する二つの疑問」（『親鸞教学』第三号、一九六三年）
松原祐善・寺川俊昭編
『定本清沢満之文集』（法藏館、一九七九年）
水島　見一　「近代親鸞教学の基本的視座」（『親鸞教学』第八二・八三号、大谷大学真宗学会、二〇〇四年）
同　『近・現代真宗教学史研究序説——真宗大谷派における改革運動の軌跡——』（法藏館、二〇一〇年）
宮川　透　『日本精神史の課題』（紀伊國屋書店、一九八〇年）
宮城　顗　「浩々洞」（『清沢満之の研究』教化研究所、一九五七年）
宮本　正尊　「自由人清沢満之先生」（『教化』第一四号、大谷出版社、一九五二年）

同　　　　「清沢先生の思想」(『信道』第一九巻第一二号、信道会館、一九五三年)
安冨　信哉「清沢満之の万物一体論」(『親鸞教学』第五八号、大谷大学真宗学会、一九九一年)
同　　　　「明治中期の真俗二諦論と清沢満之」(『親鸞教学』第六二号、大谷大学真宗学会、一九九三年)
同　　　　「能動的自己」(『親鸞教学』第六五号、大谷大学真宗学会、一九九五年)
同　　　　「宗教的「個」の論理――清沢満之と精神主義――」(『大谷大学研究年報』四九集、大谷大学大谷学会、一九九七年)
同　　　　「清沢満之と精神主義――その「個」の位相――」(『親鸞教学』七一号、大谷大学真宗学会、一九九八年)
同　　　　『清沢満之と個の思想』(法藏館、一九九九年)
同　　　　「清沢満之と「精神主義」」(『真宗教学研究』第二二号、真宗教学学会、二〇〇一年)
同　　　　『内観主義――精神主義の方法――』(『清沢満之――その人と思想――』法藏館、二〇〇二年)
安冨　信哉(代表者)「清沢満之『精神界』所載論文校訂集」(『真宗総合研究所研究紀要』第一三号、大谷大学真宗総合研究所、一九九六年)
山下　秀智「不思議を置く――清沢満之の哲学――」(『倫理学年報』二六、一九七七年)
山本　伸裕「「精神主義」はだれの思想か――雑誌『精神界』と暁烏敏――」(『日本思想史学』第四一号、日本思想史学会、二〇〇九年)
同　　　　「雑誌『精神界』所収論文をめぐる諸問題――「他力の救済」「我信念」を中心に――」(『現代と親鸞』第一九号、親鸞仏教センター、二〇一〇年)
同　　　　「〈清沢満之研究会報告⑨〉「伝道者」から「求道者」へ――清沢満之との関係における暁烏敏の転機――」(『親鸞仏教センター通信』三三号、親鸞仏教センター、二〇一〇年)
吉田　久一『人物叢書　清沢満之』(吉川弘文館、一九六一年)
同　　　　『吉田久一著作集四　日本近代仏教史研究』(吉川弘文館、一九五九年)
脇本　平也「清沢満之と大谷派教団」(『親鸞教学』第一三号、大谷大学真宗学会、一九六八年)

同　　　『評伝　清沢満之』（法藏館、一九八二年）
同　　　「清沢満之――精神主義の仏教革新――」（『浄土仏教の思想』第一四巻、講談社、一九九二年）
同　　　「清沢満之の生涯とその時代」（『清沢満之――その人と思想――』法藏館、二〇〇二年）
渡辺　和靖　「清沢満之と非合理の発見」（『明治思想史』ぺりかん社、一九七八年）

あとがき

私が清沢満之の思想に興味を抱き、本格的な研究に着手したのは二〇〇四年のことである。それまで特に興味をもつことのなかった清沢満之の思想が私の目にとまったのは、清沢没後百年を記念して、岩波書店から『清沢満之全集』（全九巻）が新たに出版されたことがきっかけであった。

それ以前から仏教思想には強く惹かれるものがあり、インド初期大乗仏教の思想についていくつかの論考を発表してはいたものの、真宗他力の思想が秘めている魅力と可能性に眼が開かれた思いがしたのは、『清沢満之全集』の導きによるところが大きいといえる。しかしながら、清沢満之の名によって語られる「精神主義」の思想、真宗他力の思想に少なからぬ可能性を感じたと同時に、どこか手放しでは同意できない違和感のようなものを感じていたのも事実で、その違和感の根源を探りたいというのが、ここ数年来の、私の重大な関心事でもあり続けてきたのである。

『清沢満之全集』に触れて、私と同じような感想をもつ人も少なくないことは、「精神主義」について書かれたいくつかの論考等からも知っていたわけだが、私が本腰を入れてこの違和感の本源に迫ろうと決心したのは、大学院の倫理学のゼミで、二〇〇八年から二〇〇九年にかけて年間を通して『清沢満之全集』第六巻に収録された「雑誌『精神界』所収論文」を読んだ際、大学院生の間からも同様の違和感が発せられたことによる。この頃、親鸞や清沢満之の思想に強いシンパシーを抱いていた私としては、全集の「『精神界』所収論文」のうちのいくつかに見受けられる論理の甘さや思想的欠陥、思想的一貫性のなさが次々と指摘されていくことで、真宗他力の思想そのものが懐疑の目に曝されているといった、やり切れない気分を払いのけることができなくなっていったのを、昨日の出来事のように覚えている。

「精神主義」と呼ばれる思想は、実際のところ、いったい誰の思想なのか。このことについての研究に着手してすぐに、私の陰鬱な気分は徐々に晴れていった。弟子たちが書き残しているいくつかの回想文や日記等の記録、清沢の自筆原稿と雑誌『精神界』に掲載された文章との違いをチェックしていくことで、そこに幾人かの弟子たちの思惑が大きく反映されているということが分かってきたからである。本書はそうした研究調査の結果をまとめたものだが、本書がこのようなかたちで法藏館から公刊されるに至ったことは、著者としては長年のわだかまりが晴れたようで、実に胸のすく思いである。

本書の内容は、二〇一〇年に大谷大学に提出した博士学位申請論文に、若干の加筆・修正を加えたものである。「精神主義」は清沢の純粋な思想ではないという私のアイディア、思いきった仮説は、当初、周囲の人にはなかなか真剣には取り合ってもらえなかった感がある。何しろ、百年以上にわたり、さまざまな学者が「精神主義」の研究を手がけてきたというのに、今さらそんな新説が出てくるはずがない。これがおそらく、大抵の人の率直な感想であったに違いない。そんな中で、私の提起した問題の意義をいち早く見抜き、まとまった論文として発表することを強く勧めてくださったのが、真宗大谷派・親鸞仏教センターの本多弘之所長であった。その意味で、本多所長のそうした強い後押しがなければ、本論が世人の目に触れることはなかったといっても決して過言ではない。

また、本論のもつ思想史上の意義については、安冨信哉・大谷大学特任教授（真宗学）にも早い段階で評価していただいた。本稿を大谷大学に学位申請論文として提出することができたのは、ひとえに安冨教授の理解と尽力の賜物である。安冨教授は、ご多忙のなか、学外者による論文申請の主査を快くお引き受けくださった。この場を借りて、あらためてお礼申し上げたい。

その他、本学位論文の副査をお引き受いただき、本論文の審査でも高い評価を与えてくださった、竹内整一・東京大学名誉教授（現・鎌倉女子大学教授）、池上哲司・大谷大学教授にも感謝したい。特に竹内教授は、数年来、実質的な指導教官として、研究の方面のみならず、生活全般に至るまでさまざまな面でサポートいただいている。竹内先生の温かい支援や、絶えざる励ましがなかったならば、本書が世に出ることは決してなかったはずである。

それから、本書の出版を快くお引き受けいただいた法藏館の皆様にも深く感謝申し上げたい。当初、無名の研究者による「精神主義」についての新説に興味を示してくれる出版社があるかどうか心配されたが、親鸞仏教センターの木曽修事務長が草稿を京都の法藏館に持ち込んだ際、編集長の戸城三千代さんが、その場で出版を快諾してくださったと聞いている。頭が下がる思いである。

最後に、法藏館の大山靖子さん、フリー編集者の光成三生さんには、本書の編集・校正にあたり、何かと要らぬ手間をとらせたのではないかと思う。不手際をお詫びするとともに、御礼申し上げたい。

二〇一一年四月吉日

山本伸裕

日本仏教史研究叢書刊行にあたって

仏教は、普遍的真理を掲げてアジア大陸を横断し、東端の日本という列島にたどり着き、個別・特殊と遭遇して日本仏教として展開した。人びとはこの教えを受容し、変容を加え、新たに形成し展開して、ついには土着せしめた。この教えによって生死した列島の人々の歴史がある。それは文化・思想、さらに国家・政治・経済・社会に至るまで、歴史の全過程に深く関与した。その解明が日本仏教史研究であり、日本史研究の根幹をなす。

二十世紀末の世界史的変動は、一つの時代の終わりと、新たな時代の始まりを告げるものである。歴史学もまた新たな歴史像を構築しなければならない。終わろうとしている時代は、宗教からの人間の自立に拠点をおいていた。次の時代は、再び宗教が問題化される。そこから新しい日本仏教史研究が要請される。

新進気鋭の研究者が次々に生まれている。その斬新な視座からの新しい研究を世に問い、学界の新たな推進力となることを念願する。

二〇〇三年八月

日本仏教史研究叢書編集委員

赤松徹真　大桑　斉

児玉　識　平　雅行

竹貫元勝　中井真孝

山本　伸裕（やまもと　のぶひろ）

1969年生まれ。山口県出身。東洋大学文学研究科仏教学専攻博士後期課程単位取得退学、東京大学文学部思想文化学科倫理学専修課程卒業。文学博士（大谷大学）。専門は倫理学、日本倫理思想史、インド大乗仏教。真宗大谷派親鸞仏教センター研究員を経て、2010年４月より同センター嘱託研究員、2011年１月より東京大学東洋文化研究所特任研究員として勤務するほか、東京医療保健大学等で非常勤講師を務める。著書に『手に取るように哲学がわかる本』（共著、かんき出版、1999年）、論文に「清沢満之における生命観と倫理観」（『死生学研究』第11号、2009年）、「『精神主義』はだれの思想か——雑誌『精神界』と暁烏敏——」（『日本思想史学』第41号、2009年）、「雑誌『精神界』所収論文をめぐる諸問題——「他力の救済」「我信念」を中心に——」（『現代と親鸞』第19号、2010年）など。

日本仏教史研究叢書
「精神主義」は誰の思想か
二〇一一年六月一〇日　初版第一刷発行

著　者　山本伸裕
発行者　西村明高
発行所　株式会社　法藏館
京都市下京区正面通烏丸東入
郵便番号　六〇〇-八一五三
電話　〇七五-三四三-〇〇三〇（編集）
〇七五-三四三-五六五六（営業）

装幀者　山崎　登
印刷・製本　亜細亜印刷株式会社

ISBN 978-4-8318-6040-8 C1321

日本仏教史研究叢書

【既刊】

京都の寺社と豊臣政権　伊藤真昭著　二八〇〇円

思想史としての「精神主義」　福島栄寿著　二八〇〇円

糞掃衣の研究　その歴史と聖性　松村薫子著　二八〇〇円

『遊心安楽道』と日本仏教　愛宕邦康著　二八〇〇円

日本の古代社会と僧尼　堅田　理著　二八〇〇円

日本中世の宗教的世界観　江上琢成著　二八〇〇円

近世宗教世界における普遍と特殊　真宗信仰を素材として　引野亨輔著　二八〇〇円

日本中世の地域社会と一揆　公と宗教の中世共同体　川端泰幸著　二八〇〇円

日本古代の僧侶と寺院　牧　伸行著　二八〇〇円

【以下続刊】…書名・定価は変更されることがあります。

近世地域社会における真宗道場の性格　松金直美著　予二八〇〇円

価格税別

法　藏　館